Christian Hoeserle

Wie ticken...
MÄNNER
...wirklich?

Die Wahrheit über
„DAS STARKE GESCHLECHT"

Wer sich nicht traut etwas zu tun,
der wird für lange Zeit alleine ruhen.

www.hoeserle.at

Herstellung und Verlag:
Books on Demand GmbH , Norderstedt

Cover by
Bernhard Pikl & Christian Höserle

ISBN-13: 9783837012569

Kapitelübersicht

Für
Romy Hammerschmidt,
Phillip Höserle,
Christian Weinberger

Ein Dankeschön an all die Leut,
die mich noch kennen heut,
ihr wart immer für mich da,
unbeschreiblich, wunderbar.

Ich bedanke mich bei meinen Freunden & Lehrern,
für die Unterstützung und Treue.

Besonderer Dank an
Bernhard Pikl ; Thomas Pötsch;
Wolfgang Richter ; Harald Pilz ;
Gerald Gratz ; Georg Wolkenstein ;
Doris Diethart ; Sandra Schallner ;

Graz , im Herbst 2007

Wir Männer sind schon ein eigenartiges Volk. Sind wir in Zeiten wie diesen wirklich so stark wie wir immer denken? Sind wir die richtigen Männer zur richtigen Zeit?

Oder sind wir nichts weiter als Waschlappen auf dieser unserer schönen Welt, ohne Ruhm und ohne Geld? Nun, das alles und noch mehr erzählt uns diese Lektüre hier.

Es ist KEINE wissenschaftliche Studie, auf die ich meine Ergebnisse stütze, sondern nennen wir es Feldforschung am lebenden Objekt "Mann". Mittlerweile hab ich leider schon zuviel miterlebt und bin auch selbst draufgekommen, dass wir einfach falsch verstanden werden. Aber woran könnte das liegen? Nun gut, vielleicht sind wir einfach nicht mehr diejenigen, die heute das Geld nach Hause bringen, oder das Wild mit dem Speer erlegen müssen. Wir sind diejenigen die endlich anfangen sollten zu kommunizieren und sich den Frauen öffnen sollten. Was wollen wir denn auf dieser Welt? Eigentlich nur das eine: Nicht alleine durchs Leben zu gehen, sondern uns mit Frauen einfach verstehen. Kommunikation und Harmonie auf allen erdenklichen Ebenen, das sollte es sein, wonach wir trachten sollten.

Dieses Buch soll dir als Frau helfen endlich zu verstehen, warum Männer so denken wie sie denken, wie sie sich verändern können und woran man schon frühzeitig erkennt, in welchen Typ man sich verschossen hat.

Auch als Mann findest du einiges, was dein Herz bewegen könnte. Willst du dich verändern? Willst du Neues kennen lernen ?

Wenn nicht, stell das Buch bitte wieder zurück ins Regal, und geh am besten einen Cocktail mit deiner Freundin trinken.

All jenen, die sich doch entschlossen haben diesem Buch eine Chance zu geben, denen möchte ich einfach danken. Der Mut zur Veränderung ist schon ansatzweise zu erkennen und dieses Buch wird dir helfen alles etwas leichter zu nehmen.
Sei bereit für eine Lektüre in der du viel Humor und vor allem KEIN reines Gewissen brauchst um sie zu lesen.

Denke immer daran: Bist du einmal alt und grau und siehst dein Ende nahen, wirst du eines nicht ertragen, die Sünden die nicht hast gemacht, bei denen du dich verloren hast in einer Nacht. Die Dinge, die du nicht hast getan, öden dich dann ziemlich an. Drum sei bereit für eine Zeit, der Vertrautheit und Glückseligkeit. Die größten Sünden in der Liebe sind doch die der ureigenen Triebe
(Liebe, Sex & Zärtlichkeit), die man erlebt hat in der Zeit, als das Alter war entfernt so weit.

Kapitel 1

<u>Was wir (Männer) wollen</u>

Wir sind sicher nicht dafür da, um euch zu zeigen wo es langgeht. Wir sind auf dieser Welt, weil es die Evolution so will. Wir schimpfen, spielen den Beleidigten und sind so wie wir sind. Männer eben.
Doch warum sind wir das? Was stört uns Männer an einer Frau, die es einem nur recht machen will? Warum kann man es uns eigentlich nicht passend machen und warum ticken wir so verdreht? Versuchen wir das mal näher zu betrachten

<u>1.1 Das Mutter Problem</u>
(Mutter du bist wirklich fein, doch ich leb mein Leben gut allein)

Unsere Mutter, ja sie hat uns auf die Welt gebracht und immerhin sind wir in den meisten Fällen auch durch einen Akt der Liebe entstanden. Warum nur kann es sein, dass einige von uns sich früher, die anderen „etwas" später von der Mama abkapseln und ihr eigenes Leben erleben wollen. Bitte versteht, unsere Mutter ist die erste Frau in unserem jungen Leben und natürlich wichtig für uns Männer. Es gibt nichts Besseres, als sich mit seiner Mutter gut zu verstehen. Aber das Schlimme daran ist, dass sie einfach alles besser weiß und immer informiert ist. Das fängt schon im Kindergarten an, wenn wir unbedingt mit Stefan durch den Regen gehen wollen und es uns egal ist, wie dreckig wir sind. Ja Männer eben! Wir wollen halt immer mit dem Kopf durch die

Wand. Auch bei diversen Spielen ist es so, dass Papa uns dies immer durchgehen lässt und Mami meistens diejenige ist, die meint, dass wir schon genug hätten. Ob Eis oder Eierspeis, es ist alles der gleiche Kram. Mama weiß es immer besser. Mit zunehmenden Alter regt sich in uns aber das Verlangen nach einem eigenen Leben, spätestens wenn wir die erste Freundin mit nach Hause bringen und sie unserer Mama nicht in den Kram passt müssen wir uns entscheiden.

Hier befindet sich die Bruchlinie, weil wir uns meistens mit unserem „unschuldigen" Herzen wirklich in die erste Freundin verlieben und uns klarerweise für sie entscheiden. Logisch aber auch, dass es nur selten bei der ersten großen Liebe bleibt. Mama sieht das aber gar nicht gern, beobachtet die „Entwicklung ihres Sprösslings" mit Argusaugen und wird uns immer wieder darauf hinweisen, dass sie (unsere Exfreundin) eh nicht die Richtige gewesen wäre um glücklich zu werden. Denn irgendwann werden wir die Eine treffen, mit der wir das erste Mal so etwas wie richtige Liebe erleben werden, bei der es nicht nur um den ersten Kuss, das erste Mal und mehr geht, sondern einfach darum, mit diesem Partner sein Leben zu verbringen. Stellt sich dann unsere Mutter in den Weg, wird sie wegrationalisiert. Auch in einer funktionierenden Partnerschaft wird Mutter immer versuchen sich einzumischen, was uns gelinde gesagt ziemlich auf den Geist geht. Also werden wir die Konsequenzen ziehen und Mama ins Abseits schieben. Was dann passiert kennt jeder „Mann" nur all zu gut. Sie wird versuchen uns mit Tipps und Tricks aus Mamas Nähkästchen wieder auf ihre Seite zu ziehen. Das Seltsame daran ist aber, dass wir

Männer generell ein besseres Verhältnis zu unserer Oma (Großmutter) aufbauen, als zu unserer Mutter. Auch hier sind die Beweise klar. Oma kocht generell besser, erlaubt einem mehr und wird immer hinter uns stehen. Oma ist einfach unglaublich und wir können es nicht verstehen, dass unsere Mutter, ihre Tochter, so komplett anders ist. Oma, wir werden dich immer lieben.

Wenn es ein Idol für uns Männer gibt, so ist dies sicher nicht die Mutter, auch eher weniger unser Vater sondern nur unsere Großmutter.

@Männer: Macht bitte niemals den großen unverzeihlichen Fehler euch mit einer Frau über eure Mutter zu unterhalten, die Emotionen würden verrückt spielen. Wir alle wissen, dass wir unsere Mutter lieben, aber ihre Kommentare einfach nicht mehr in die jetzige Zeit passen,
wir entwickeln uns weiter, bleiben in den Augen unserer Mutter jedoch immer der „Jüngling" den sie vor allem Bösen in dieser Welt bewahren wollen. Es lohnt sich dennoch ein gutes Verhältnis zur eigenen Mutter zu pflegen, da wir sie ja irgendwann einmal als Oma aktivieren werden. Wenn etwas fix ist auf dieser Welt, dann die Veränderung, die in eurer Mutter vorgehen wird, wenn ihr sie zur OMA macht.

1.2 Der „Gender-Traffic"

(Ja wir haben Spaß zu 2. im Bett is es hin und wieder mal soweit))

Das altbekannte Thema. Männer wollen doch eh immer und denken mehrmals täglich an Sex. Ein

Klischee sondergleichen. Natürlich lässt es sich nicht leugnen, dass Männer gerne von Sex träumen. Leider ist hier genau der Knackpunkt. Sex ist in Wirklichkeit nie so schön wie in den Träumen.

Entweder er ist besser oder etwas schlechter. Klarerweise geht „Mann" mit zunehmenden Alter aufgrund seiner Erfahrungen immer wieder von etwas Höherwertigerem aus. Gilt es am Anfang noch die Reise ans andere Ende der Welt (Körper der Frau) anzutreten, werden Männer nach kurzer Einführungszeit zu Forschern, deren Wissensdrang keine Grenzen kennt. Sicher, sie lieben es mit euch zu schlafen, sich der schönsten Sache der Welt hinzugeben, dennoch ist es nicht immer so wie es scheint. Auch Männer werden teilweise zu „Gender Traffic" überredet und arbeiten bis zu einem gewissen Grad immer mit den gleichen Mitteln. Sex ist so etwas wie der Geburtstagskuchen. Man freut sich, wenn man ihn bekommt, doch er wird damit auch vorhersehbar, das Austauschen von Körperflüssigkeiten uninteressant und nicht mehr mit der gleichen Intensität durchgezogen. Ja meine Damen, das ist wohl die Wahrheit. Vielleicht werden einige von euch einfach darüber lachen oder verwundert sein, dennoch bin ich wirklich der Ansicht, dass Sex etwas Wunderbares ist, aber nicht zum Routineakt, pünktlich um halb 11 ausgeführt werden muss und darf. Klar, über dieses Thema gibt es ganz andere Bücher, ich empfinde es auch nicht als meine Pflicht hier diverse Praktiken aufzuzählen, nur eines sei hier noch gesagt: Erlaubt ist das was gefällt. Fühlt euch nicht verpflichtet eurem Mann alle Wünsche zu erfüllen, versucht zu variieren wo ihr beide Spaß daran habt. Als Vergleich vielleicht, ist ein Lieblingsgericht nur so lange ein wirklich tolles Essen, solange es nicht regelmäßig zu sich genommen wird.

Solltet ihr die traurige Erfahrung gemacht haben, dass Männer sich hin und wieder mit „Konkurrentinnen" abgeben, dann sei euch gesagt, dass es für einen Mann sehr schön ist begehrt zu werden, er aber, wenn er euch liebt, immer wieder zu euch zurückkommen wird.

@Männer: Unter uns, sicher sind wir vom Sex fasziniert, dennoch wissen wir doch eines ganz genau, dass es einfach schön ist, wenn wir diesen mit einem Menschen erleben, der uns nicht nur körperlich interessiert, sondern auch geistig mit uns auf einer Stufe steht. Es ist einfach wichtig, dass wir mit dem Menschen auch noch nach dem Tag des Aktes reden können und uns nicht wie ein Dieb aus dem Zimmer stehlen müssen. Affären sind deshalb etwas, was dir vielleicht Linderung oder Abwechslung in deinen Alltag bringt, dir aber rein geistig überhaupt nichts bringt. Außerdem musst DU nach Hause kommen und DEINER Frau erklären warum DU es getan hast. Auch wenn sie dir irgendwann vergibt, vergessen wird sie es nie.

<u>1.3 Selbstaufgabe</u>
(Ohne dich will ich nicht leben, weil du musst mir alles geben)

Ist ein Sport, den Frauen gerne betreiben bzw. sich dazu verleiten lassen. Vor allem in einer Beziehung wird euch schnell einmal nachgesagt, dass ihr euch zu sehr einnistet. Ihr passt euch an den Mann an und lasst ihn entscheiden. Das mag ja für manche Männer ganz fein sein, aber in der Regel ist es doch so, das ein Mann eher auf der Suche nach jemandem ist, mit dem er gemeinsam den Weg des Lebens beschreiten kann. Eine Partnerin, das wünscht er sich in seinem Innersten. Bejahen wird er es allerdings nicht wirklich. Das wäre ja alles andere als männlich.

Die Gefahr besteht also darin, dass ihr ihm alle Entscheidungen überlässt und ihn so die Geschicke eurer Beziehung lenken lässt. Hast du einen erfolgreichen Mann zuhause, der sich einen Workaholic schimpft? Dann liegt es an dir, das Zepter zuhause zu schwingen. Er wird für dich da sein und sich deinen Wünschen fügen. Als Gegenleistung erwartet er aber, dass du auf gegebenen Anlässen zu deiner Rolle als Frau stehst und ihm nicht die Show stiehlst. In Zeiten wie diesen ist es wichtig zu sagen was man sich denkt und wohin man als Frau so will. Dies hat auch den entscheidenden Vorteil, dass du dir die Männer aussuchen kannst und schon im Vorfeld abklären kannst, ob sie für dich interessant sind oder es jemals sein werden. Willst du einen Führungsspieler, dann musst du dich mit der 2. Geige abfinden. Bedenke, die härtesten Manager und die besten Sportler werden schwach, wenn sie eine Frau an ihrer Seite haben, die ihnen zeigt wo es hingehen soll. Das bedeutet jetzt nicht, dass du deine Karriere für ihn aufgeben sollst oder musst. Im Gegenteil, verwirkliche dich selbst, aber übertreib es nicht. Wenn du ihn zu lange alleine lässt und ihn überforderst, wird er sein Heil in den Armen einer anderen suchen und eure gemeinsame Zukunft wird sich in Luft auflösen.

@Männer: Frauen sind ja leider in dieser Hinsicht sehr beeinflussbar, aber es gibt auch Männer die sich dem Thema Selbstaufgabe widmen. Nicht selten werden deine Freunde durch deine Freundin überprüft und genehmigt/abgelehnt werden. Weiters wird dir auffallen, dass bei diversen Spielabenden komischerweise immer die beste Freundin mit ihrem Freund anwesend ist, oder andere „nette" Arbeitskolleginnen mit ihren Freunden. Dass du deine Freunde einmal einladen kannst, das obliegt mit Sicherheit ihr. Aber es ist auch ein Zeichen von einer funktionierenden Partnerschaft, wenn man seine Freunde integriert und sich nicht aus der Bahn werfen lässt. Reden, reden und nochmals reden, das sollten wir Männer endlich einmal beherzigen. Nur wenn wir offen unsere Wünsche darlegen, werden Frauen uns verstehen.

1.4 Affären
(Eigentlich geht's mir ganz gut, doch fehlt mir der Mut)

Männer können doch nicht treu sein, oder? Warum eigentlich nicht ? Ist es wirklich so untypisch für einen Mann mit jemandem länger zusammen zu sein? Warum sind Männer eigentlich solche Idioten, bzw. was finden Männer an anderen Frauen, wenn sie doch mit dir zusammen sein können? Nun, Affären sind doch eigentlich nur immer eine Art von Befriedigung die der Mann sucht, wenn es in einer Beziehung nicht mehr funktioniert. Generell sind sie eigentlich die letzte Konsequenz und der Beweis dafür, dass eure Beziehung am Ende ist. Warum ist dies eigentlich so? Nun, das Scheitern einer Beziehung hier zu analysieren das wäre wohl etwas zuviel verlangt. Aber so als Tipp: E, es ist einfach wichtig beide Seiten zum Zuge kommen zu lassen. Männer mögen es nun einmal nicht, wenn man an ihnen klammert oder wenn man links liegen gelassen wird. Die berühmte Balance macht es aus. Bist du dir sicher, dass er dich betrügt, dann sprich ihn darauf an. Wenn du dich mehr zurückziehst und noch weniger mit ihm redest, wird es wohl keinen Sinn mehr haben. Man sollte hier wirklich etwas mehr Offenheit an den Tag legen. In Zeiten wie diesen kann „Mann" immer wieder den Reizen der weiblichen Umwelt erliegen. Wenn dir ein Mann erklärt, dass er eigentlich ja gar nichts dafür kann, dann verleugnet er sich wohl selbst. Man kann immer selbst entscheiden wohin der Weg der Liebe führt….und der Weg in die Arme einer Anderen ist definitiv der falsche….

@Männer: Warum geht ihr solche Beziehungen eigentlich ein, wenn ihr nicht wisst wohin ihr wollt. Seid euch dessen bewusst, dass ihr mit einer Affäre nicht nur eure Beziehung aufs Spiel setzt, sondern auch das soziale Umfeld. Bedenkt immer, dass es nicht nur an der Frau an eurer Seite liegt, sondern auch an euch selbst, wenn es sowohl im Bett als auch im Kopf nicht mehr klappt. Und so nebenbei erwähnt, irgendwann muss man aus diesem Jäger-, Sammlergenre herauskommen und sich endlich seiner Verantwortung stellen. Wenn ihr also über eine Affäre nachdenkt, bedenkt die möglichen Konsequenzen eures Tuns.

Kapitel 2
Was uns (Männern) etwas bedeutet

Sind wir wirklich die schwarzen Ritter, die noch nicht mit der Evolution umgehen können? Die noch immer nach der Mama schreien, wenn sie sich wehgetan haben, oder sind wir Männer, die keinen Schmerz kennen? Oder sind wir anders? Warum sind wir so, wie wir sind und warum interessieren uns Dinge, die die Damenwelt nicht verstehen kann?

2.1 Aussehen
(Mein Style der ist mir wichtig darum versteh mich bitte richtig)

Das Aussehen ist in der heutigen Zeit ein gewisser Punkt, den auch Männer nicht vernachlässigen. Es gibt unzählige Produkte, die uns den reinen Teint versprechen und die uns immer wieder vor einen Punkt stellen, wo wir nicht mehr wissen, was wir tun sollen. Wir belächeln euch, wenn ihr euch wieder einmal eure Gurkenmaske in das Gesicht schmiert, wir finden es lustig, würden es vielleicht sogar einmal versuchen, aber danach zu fragen ob ihr es für uns tun würdet, das kommt uns nicht in unseren Sinn. Auch die tägliche Hygiene von Frauen scheint uns etwas übertrieben, Wimpern hier, Augenbrauen da, alles muss perfekt sein. Wir belächeln euch doch nur deswegen, weil wir es nicht besser können und euch gleichzeitig beneiden. Meistens haben wir Männer unser Standartoutfit und auch unsere Frisur ist dementsprechend statisch. Wir sind nicht so wie

Frauen, die nach einer Änderung in ihrem Leben die Friseur ändern, nein, wir bleiben unserem Style treu. Ein Zeichen von Beständigkeit, oder nicht? Wohl kaum. Ein gewisser Grad an Faulheit ist hier wohl die ehrliche Antwort. Wir Männer mögen es, wenn wir uns präsentieren können, aber wenn wir einmal der Ansicht sind, dass dieses oder jenes besonders gut zu uns passt, werden wir es uns nicht ausreden lassen. Es ist so, wir sind wirklich simpel.

Das wirkt sich auch in der Wahl unserer Partner aus. Meistens haben wir den gleichen Typ von Frau, sich zwar von der Vorgängerin unterscheidet, aber doch in Grundzügen mit ihr vergleichbar ist.

Es ist für uns nicht wirklich wichtig, was ihr beruflich macht, aber wir wollen nicht das Gefühl haben euch durchfüttern zu müssen. Das was zählt ist der erste Eindruck. Es gibt Männer, die an richtig herausgeputzten Frauen gefallen finden und dann gibt es wieder welche, die sich mehr an dem Inneren eines Menschen orientieren. Wie sie denkt, was sie tut, was sie sagt und mehr.

Sei dir jedoch bewusst, wenn du dich extrem „aufbrezelst", werden dich auch nur Männer ansprechen, denen dein Aussehen extrem wichtig ist. Solltest du hingegen abgewrackt durch die Gegend schweben wirst du nicht als beziehungsfähig gelten. Du musst dich entscheiden, meistens gibt es hier einen Mittelweg. Bedenke aber, dass Frauen, die als extrem hübsch eingestuft werden, relativ schwer zu einem Partner kommen, der mit offenen Karten spielt. Meistens werden sie auf Männer treffen, die sie genauso nehmen wie sie sind. Hübsch und naiv, das ist die landläufige Meinung von so genannten Bikinischönheiten.

Das Aussehen ist also für uns bis zu einem gewissen Grad wichtig, aber ob sich eine Beziehung oder etwas anderes entwickelt, liegt immer noch an dir. Du entscheidest was passiert. Bedenke immer, dass es für einen Mann genau um folgendes geht:

- Mit der Frau seiner Träume einzuschlafen.
- Mit dir aufwachen und gemeinsam den Tag beginnen.
- Mit dir den Tag verbringen und wenn das nicht geht, dann wollen wir zumindest an dich denken.
- Zu dir nach Hause kommen und mit dir den Tag ausklingen lassen

@Männer: Das ist es eigentlich das, was wir wirklich wollen, wenn wir mal von der ganzen Geschichte (wie sieht sie aus, was hat sie usw…) absehen. Sicher ist es schön eine tolle Frau zu haben, deren Körper sich ohne weiters auf einem Playboymagazin wieder finden kann, aber bedenkt immer eines: Jeder wird älter, auch eure Muskeln werden erschlaffen und wenn ihr dann alt und grau seid, werdet ihr daran denken, wie schön es doch eigentlich war, sich einfach nur anzusehen, sich Dinge an den Kopf zu werfen, Dinge auszudenken usw… Kommunizieren zu können, das ist es, worauf es wirklich ankommt. Öffnet sich dann die Türe und eure Frau tritt herein, nehmt sie in den Arm und dankt ihr einfach, dass sie so ist wie sie ist. Warum? Weil sie einfach bei euch geblieben ist ohne lange nach dem Warum zu fragen

und mit euch durch gute sowie schlechte Zeiten ge-
gangen ist. War da etwa das Aussehen so wichtig?

2.2 Erfolg
(Ruhm & Macht, das liebe Geld, ist nicht alles auf
dieser Welt)

Erfolg macht süchtig und Männer leben dafür. Ehe
sie nicht das erreicht haben, was sie sich in den Kopf
gesetzt haben, werden sie keine Ruhe geben. Das
lässt sich auf alle Situationen des Lebens übertragen,
leider. War es früher einmal reine Muskelkraft, die
den Erfolg des Mannes ausgemacht hat, lässt sich
nun im Laufe der Zeit der Erfolg mit Macht und Ein-
kommen gleichsetzen. Frauen waren schon immer
der Spielball mächtiger Männer und nicht nur ein
Krieg wurde wegen einer Frau begonnen. Seid euch
also dessen bewusst, dass ihr gerade in Zeiten wie
diesen, wo ihr unabhängig seid, für Männer mehr
denn je eine Art von Trophäe darstellt. Niemand will
nur das Heimchen am Herd. Eine Frau, die im Leben
steht und ihre Gefühle zulässt, das brauchen wir
Männer, auch wenn in dieser heutigen Zeit kein Platz
mehr dafür zu sein scheint. Wenn ein Mann sagen
kann, dass er zu so einer Frau gehört, wird ihm dies
mehr geben als all das Geld auf dieser Welt.
Der Erfolg ist aber nicht nur in materiellen Dingen
definierbar. Es gibt durchaus Männer, die nur an
einer weiteren Frau interresiert sind und sich nur
anhand des „schwarzen Buches" definieren. Doch
diese Männer verschwinden immer mehr, denn es
lohnt sich nicht immer auf der Suche nach dem
nächsten Rockzipfel zu sein, sondern wir sind mehr

daran interresiert, unsere Liebste zu finden. Klar, wir müssen uns bis zu einem gewissen Grad austoben, werden dies aber immer nur in beschränktem Maße tun. Auch ist es ein Aberglaube, dass Männer mit ihrem Erfolg bei Frauen angeben. Vielmehr sind es die Erfolglosen, die immer wieder versuchen die sogenannten Frauenversteher in Misskredit zu bringen. Ein richtiger Mann, der an dir als Gesamtpaket und nicht nur an deinem Körper interessiert ist, wird dir NIE NIE und niemals NIE sein schwarzes Buch zeigen. Warum sollte er das? Um dir zu imponieren? Um dir zu zeigen wie erfahren er ist? Das sind die größten Verlierer und die Möchtegerns, derer es viele gibt. Ein richtiger Mann wird sich in Bescheidenheit üben. Nur das ist wahrer Erfolg, nicht auftischen zu müssen sondern so geliebt zu werden, wie man sich selber wünscht geliebt zu werden.

@Männer: Wenn ihr versucht Frauen zu kaufen, werdet ihr den Lohn dafür ernten. Wundert euch nicht, dass diese Eine auf einmal nicht mehr da ist, wenn euch das Geld ausgeht. Erinnert ihr euch an Mata Hari? Wie viele Männer hat sie in den finanziellen Ruin getrieben? Frauen sind nicht wie Mata Hari, Frauen geben euch das zurück, was ihr ihnen gebt. Nicht mehr und nicht weniger. Mit Frauen könnt ihr erfolgreich sein, eure Batterien wieder auffüllen lassen und mit ihnen durch dick und dünn gehen. Also vergesst das ganze Geld, es gibt soviel schöneres auf der Welt.

<u>2.3 Ziele</u>
(Der Aufstieg kommt ja nicht von allein, willst du mir behilflich sein)

Welche Ziele haben wir Männer. Was soll ich dir da sagen? Ees liegt immer an dem Mann selber, was er für sich ganz gut findet. Auch sind Männer mit zunehmendem Alter mehr an einer Beziehung als an einem schnellen "Gschichterl" interessiert. Möglicherweise wollen sie die Welt sehen, vielleicht auch nur in der eigenen Stadt bleiben. Eins ist aber sicher, die Verwandlung vom Jungen zum Mann ist ein selten schwerer. Lernst du ihn beim weggehen kennen und ist er immer einer von denjenen, die sich nach Alkohol sehnen, dann solltest du gute Nerven bewahren, denn er wird sehr lange brauchen, bis er sich ändert. Ja sicher, "Gender-Traffic" kannst du immer mit ihm durchführen, aber bringt das wirklich etwas, außer einer temporären Erfüllung? Bist du bereit für eine Affäre oder willst du eine Beziehung? Auch wenn Männer Ziele haben, sie wollen doch immer zu einem schnellen Erfolg kommen. Sei es im Beruf oder auf einer sexuellen Ebene. Männer denken auch nicht wirklich nach, welche Konsequenzen sie mit ihrem Tun so auslösen könnten. Sie sehen eine Frau, lächeln und werden hinterher tapsen. Wie ein kleines Robbenbaby, das auf der Suche nach seiner Mutter ist werden sie dir folgen, aber immer nur mit dem Gedanken, dich in ihr Bett zu bekommen, in dem schon manch holde Maid herniedergebracht wurde.
Wenn du einen Mann nach seinen Zielen im Leben interviewst, wird er sie dir nicht nennen können. Vielleicht kommen dann auch so Dinge vor wie Erfolg im Beruf, eine Familie, Spaß usw. ,aber lass dir ge-

sagt sein, dass es das nicht ist, wonach Männer streben. Männer suchen immer wieder die Bestätigung, die Herausforderung und vor allem die Abwechslung. Sie suchen einen Partner, mit dem sie all dies erleben können. Wenn du das bist, dann ist alles klar, wiesst du aber nicht, ob du das bis, denn woher willst du es auch wissen, dann wirst du dich auf einen Versuch einlassen müssen. Dennoch sind Männer generell keine Idioten, sondern denken einfach anders. Verliebst du dich in einen Frauenschwarm, musst du dich damit abfinden, dass du nicht die Einzige sein wirst, mit der er Kontakt halten wird. Vor allem seine „weiblichen" Freundinnen werden dir irgendwann einfach auf den Geist gehen. Warum muss er sich immer mit ihnen unterhalten, bzw. warum kann er ihnen immer helfen? Warum versteht er aber nicht die geringsten Signale, die du ihm gibst? Eine klare Antwort: Weil er mit seinen „Freundinnen" nicht leben muss, sondern das Ganze aus der Entfernung ansehen kann. Er muss nicht immer aufpassen und sich sicher sein mit den Dingen, die er in eure Konversation einbringt, sondern kann frei von der Leber reden.

Eine ehrliche Meinung von einem Mann wirst du in den seltensten Fällen bekommen. Es sind nicht die großen Dinge, die es ausmachen, sondern die kleinen, die feinen, die die Würze in der Suppe ausmachen, Ziele wie Gesundheit für sich und seine Lieben, einen schönen Lebensabend und eine handvoll Freunde, auf die er sich verlassen kann. Versuche nicht seine Geliebte, sondern seine Freundin zu werden, dann ist alles möglich und ihr könnt gemeinsam viel, wenn nicht alles erreichen. Das Tor steht dir offen. Trau dich einfach den ersten Schritt hindurch zu tun.

@Männer: Wir wissen nicht, was wir wollen, aber wir würden gerne wissen, was sie will. Das sollte unser Motto sein. Nicht das Streben nach Selbstverwirklichung, sondern das gemeinsame Streben nach Vollkommenheit bildet die Basis einer Beziehung. Tut dies und ihr werdet erkennen, dass sich Frauen, die sich euch nähern nicht immer nur von euch flachlegen lassen wollen. Tut dies um festzustellen, dass es mehr im Leben gibt als eure eigenen Ziele zu erreichen, ihr werdet erkennen wohin euch euer Leben führen kann.

2.4 Gedanken
(Meine Gedanken spielen voll verrückt, ich bin voll von dir entzückt.)

Männer denken wirklich nach, eine schlimme Sache. Vielleicht wäre es besser, wenn man alles vom Bauchgefühl heraus lenken könnte. Doch was tun Männer? Sie überlegen, ja sie tauschen sich mit ihren Freunden aus. Sie verstehen auch nicht, warum sie von dir eine Nummer bekommen haben und du einfach nicht abhebst. Oder auch, warum du nicht zurückrufst, wenn du es versprochen hast. Weiters verstehen sie nicht, warum du dich immer wieder sporadisch bei ihnen meldest. Ja es gibt sogar Männergruppen, die sich mit diesen simplen Dingen bis zum Morgen beschäftigen, aber alles ist nicht so, wie es immer scheint. Oft vermittelt die Öffentlichkeit den Eindruck, dass Männer nur mit den Weichteilen denken und sich nichts Besonderes aus den Gefühlen von Frauen machen.

Diese Einstellung ist wirklich zu verurteilen, da es sich nicht um die Realität handelt. Männer treffen sich oft auf ein Bier, nicht um ihre Erfahrungen auszutauschen, sondern über Probleme zu sprechen, diese auszudiskutieren und eventuell nach Lösungsansätzen zu suchen, die sie in die Tat umsetzen können. Zu vergleichen ist das mit einer Mädchenrunde, wo genau das gleiche diskutiert wird, warum Mann dies und jenes tut. Aber, liebe Damen, hin und wieder treibt ihr uns in den Wahnsinn. Wir wissen nicht, wie wir es euch recht machen können. Meldet man sich zu oft, ist man uninteressant, meldet man sich nie, ist man gelinde gesagt ein verlängerter Rücken. Ja, Männer denken nach und Männer haben auch Gefühle, die „frau" respektieren soll Klar, sicher werden jetzt einige sagen, wo find ich denn „diese MÄNNER"? Überall mein Fräulein, überall und nirgends. Man sollte auch mit dem Herzen sehen und jedem Mann eine Chance geben. Dir ist sicher schon aufgefallen, dass berühmte Pärchen nicht immer optisch zusammenpassen. Doch warum ziehen sich diese Partner trotzdem an? Weil sie das Geld vom anderen brauchen? Wohl kaum. Vielleicht weil sie sich im Herzen gefunden haben und nicht mehr darum kämpfen müssen in der realen Welt anhand ihres/seines Partners/Partnerin wahrgenommen zu werden. Darin liegt der Schlüssel.

Ehrlichkeit, Offenheit ohne die Gefahr sich in etwas zu verstricken, was gegen einen verwendet wird. Einfach die Karten auf den Tisch legen und sehen ob der Partner mitzieht. Danach sollten wir trachten und uns nicht gegenseitig zu verachten.

@Männer: Gedanken sind Momente oder Geistesblitze, die uns in einer Beziehung kurz berühren, aber dann ohne Einfluss zu nehmen an uns vorüberziehen. Erst wenn wir wieder einmal das „tolle" Singleleben genießen werden wir verstehen, was es bedeutet, sich über etwas Gedanken zu machen. Fallen dir auch die glücklichen Paare auf, die gemeinsam einkaufen gehen um sich das Wochenende verschönern? Sind dir schon einmal die Kinder aufgefallen, welche im Park spielen und die Väter genervt herumsitzen? Ist es nicht das, was uns zum Lächeln bringt, uns aber gleichzeitig dazu bringt nachzudenken? Wollen wir nicht auch mit unserem Sohn, unserer Tochter dieses Spiel erleben? Wollen wir nicht auch sehen, wie unser Kind aufwächst, Zähne bekommt und für uns nicht mehr unser eigenes Leben oberste Priorität hat, sondern das unserer Familie? Du wist schnell feststellen, dass es sich lohnt diese Gedanken mit einer Frau zu teilen, sich ihr hinzugeben und gemeinsam schöne Momente zu erleben. Es würde noch viele Geschichten geben, aber ich denke mal, du hast verstanden um was es dir gehen sollte. Weg vom Aufrissschmäh hin zum Beziehungstee….

Kapitel 3

<u>Die goldenen Regeln</u>

Hast du dich schon einmal gewundert, warum Männer auf SMS und andere Dinge nicht so reagieren, wie du es dir wünscht? Nun hier sind ein paar Regeln, um mit dem Objekt Mann umzugehen, bzw. ein paar Tipps, welche Männer nun mal schon gar nicht mögen.

<u>3.1 SMS</u>

In Zeiten wo jeder ein Handy besitzt, quasi überall erreichbar ist, ist es ein Leichtes den Mann seines Herzens jederzeit zu erreichen. Was Männern jedoch gar nicht gefällt ist dieses ständige Gefühl überwacht zu werden, welches sich schnell einschleicht, wenn auf die erste SMS eine weitere folgt usw… Klar, sicher, es ist billig und einfach, eine SMS zu schreiben, man braucht auch nicht so viele Worte um ihm zu erklären, was man eigentlich will, doch da Frauen eher dazu neigen SMS zu schreiben um den „Holden" zum Nachdenken zu inspirieren, nehmen Männer die SMS eher als so etwas wie gegeben hin. Solltest du also schon des Öfteren durch eine SMS einen Streit ausgelöst haben sei dir hiermit erklärt, dass Männer wirklich simpel sind. Sie lesen die SMS genauso wie du sie schreibst. Da Frauen mehr im Kopf denken und Männer eher die Augen bevorzugen, ist das eine Sache, die hin und wieder zu Problemen führen kann. Solltest du also eine knappe Antwort erhalten, so hat er wahrscheinlich keine Zeit (wenn du in einer Beziehung bist) oder aber er hat nicht wirklich Interesse an dir (wenn du ihn begehrst).

3.2 Kontroll-SMS

Eine verschärfte Variante der SMS sind die so genannten Kontroll-SMS, in dem „Mann" aufgefordert wird sich zu melden und danach sich dir zu widmen. Leider verstehen Männer dies genauso, wie der Text am Handy erscheint. Ein
„Ja mir geht es gut" ist daher keine Seltenheit, wird dich aber in manchen Fällen in tiefe Depressionen stürzen.
Bedenke also, wenn du eine klare Antwort willst, dann stelle die Frage auch entsprechend.

@Männer: Versuche nicht, dich dagegen zu wehren, du wirst verlieren. Frauen mögen es, wenn Liebesbekundungen in regelmäßigen Abständen eintreffen. Aber bitte übertreib es nicht, es könnte nämlich auch sein, dass wenn du dich im Stundentakt meldest, sie sich sehr schnell eingeengt fühlt.

3.3 Emails:

Auch Emails werden des Öfteren dazu missbraucht, den Mann nach seiner Meinung zu fragen. Auch hier zählt wieder, das Auge gewinnt vor dem Gehirn. (Lesen , handeln und NICHT darüber nachdenken, was du denn genau mit dieser Formulierung meinst). Eine Diskussion mit einem Mann via Email zu führen ist vergeudete Zeit. Du solltest daher die Möglichkeit des Emails nur nutzen um sein Interesse zu wecken und ihm klarzumachen, dass du einen Anruf von ihm erwartest. Er wird es tun, wenn du ihm etwas bedeutest bzw. dich wissen lassen, dass er gerade keine Zeit hat, er dich aber gerne zurückruft, sobald er die Zeit findet. Und Zeit ist etwas Relatives. Wenn Männer jemanden mögen, finden sie immer die Zeit zu antworten. Ja ihr Erfindungsreichtum wird dir noch den Kopf verdrehen.

@Männer: Solltet ihr merken, dass eine Frau von euch einen Anruf erwartet, dann bitte erfüllt ihr diese Bitte. Auch wenn man noch so im Stress ist, ein kurzer Anruf genügt meistens um die Situation zu klären und ihr zu beweisen, dass sie dir doch etwas bedeutet. Also nimm dir die Zeit

3.4 Anrufe:

Ja Anrufe können etwas schönes sein. Was gibt es schöneres als von seiner Pause zurückzukommen und zu merken, dass ER dich angerufen hat. Klarerweise wirst du in der nächsten freien Minute versuchen ihn zu erreichen. Aber was passiert, wenn du ihn nicht erreichst? Stellst du dir die Frage nach dem Warum? Denkst du nach?

In solch einer Situation ist es das Beste, erst einmal abzuwarten und ihn nicht mit Anrufen zu nerven, er wird sich melden wenn er die Zeit hat, da ihm ja etwas an dir liegt.

Geht dein Freund auch hin und wieder einmal mit seinen Kollegen etwas trinken und du versuchst ihn zu erreichen, weil du ihm einfach nur sagen willst, dass du ihn gern hast und er erwiedert es nicht weil seine Bekannten um ihn herumstehen? Warum? Die Erklärung liegt auf der Hand: Er würde es dir schon gerne sagen, aber er wird es einfach nicht sagen, weil er es vor seinen Freunden nicht kann. Dies würde ihn nämlich zu einem Softie stempeln und das kann er nicht zulassen. Akzeptiere also seine Antwort auf deine Aussage, dass du ihn liebst und ihn vermisst. Er wird dir nur mit „Ja" oder ähnlichem Geplänkel antworten. Aber ein „Ich hab dich auch lieb" wird er in diesem Moment nicht über seine Lippen bringen, auch wenn er dich über alles liebt.

@Männer: Sicher ist es blöd, wenn Mann mit seinen Freunden in einer Runde steht und einem die Freundin via Telefon erklärt, dass sie einen liebt. Sie wünscht es sich so, dass du es ihr sagen würdest. Solltest du auch zu der Rasse gehören, die diesen Satz in dieser Situation nicht artikulieren können, dann erklär es ihr bevor du weggehst. Sie wird es verstehen, vor allem wenn du sie schon vorab in einer ruhigen Minute mit einem Liebesbeweis überrascht.
Alles klar? Planung ist also der Schüssel um sich nicht auf eine Diskussion zu Hause einzulassen.

3.5 Rückrufe:

Sind so eine Sache. Wenn er sich bei dir meldet, du aber keine Zeit hast, oder es einfach übersiehst, dann solltest du ihn umgehend zurückrufen, wenn er dir was bedeutet. Männer sind keine so gefühlskalten Menschen, denen es nur ums Körperliche geht, obwohl es durchaus gefällt. Klarweise mögen es Männer auch nicht, wenn man sie dauernd mit Anrufen und anderen Dingen ärgert, es gilt hier also das Mittelmaß zu finden. Wichtig ist jedoch eine gewisse Art von Ehrlichkeit in einer Beziehung (wie auch immer ihr das defniert) zu führen.

@Männer: Was für die Mädels gilt, sollte auch für euch gelten. Niemandem gefallen 7 Anrufe in 4 Stunden oder 3 SMS in 15Minuten. Es gilt hier wirklich abzuklären, was die nette Dame so will. Wenn sie spielen will, dann tut es, wenn nicht, dann ärgere sie nicht. Schnell kann man so das aufkeimende Pflänzchen einer Beziehung vernichten. Also aufpassen Jungs.

3.6 Mama ist bei mir:

Ruft dich ein Mann hin und wieder an, wenn du bei deiner Mutter bist? Du versprichst ihm einen Rückruf und das kann dauern? Ja in diesem Falle sind Männer sehr kopflastig. Wenn du ihm sagst, dass du dich meldest erwartet er es auch.

Sollte der Rückruf also nicht innerhalb der nächsten Zeit kommen und er dich eventuell spät abends nochmals anruft um zu fragen, ob Mama jetzt weg ist und du bist nicht erreichbar,

wird er sich etwas gefrotzelt vorkommen. Für Männer ist es nicht so klar zu verstehen, dass ein Gespräch mit deiner Mutter so wichtig ist, aber sie werden es verstehen, wenn ihr mit ihnen ordentlich kommuniziert.

@Männer: Deine Freundin und ihre Mutter, das ist so was, wie Bier und Fußball, das gehört einfach zusammen. Stell dir mal vor, du gehst ins Stadion und es gibt kein Bier, keine Brezeln, einfach gar nix. Genauso wäre es, wenn du deiner Liebsten den Kontakt

mit ihrer Mutter verbietest, oder deinen Frust dar-
über in einem Streit danach entlädst. Akzeptiere es,
denn hast du den „Schwiegertiger" auf deiner Seite,
sucht deine Liebste nicht das Weite (zumindest nicht
umgehend).

3.7 Familientreffen:

Sind so eine Sache. Wichtig dabei ist nichts zu über-stürzen. Mit deinem Freund in der ersten Woche gleich mal einen Verwandschaftsbesuch zu machen und ihn dort vor die prüfenden Augen deiner Familie zu stellen, stellt in etwa das Schlimmste dar, was sich ein Mann so vorstellen kann. Gut, sollte es je-doch eine "Liebe auf den ersten Blick"-Beziehung sein, bzw. "wir haben in 3 Tagen geheiratet", dann wirst du darum nicht herumkommen. Aber davon re-den wir ja jetzt mal eher nicht. Bitte überfordere ihn nicht. Ein Mann ist in der Situation dem Drumherum nicht gewachsen. Er wird sofort daran denken, dass die Worte Heirat und Beziehung nicht mehr weit ent-fernt sind. Diese sind klarerweise in der Anfangspha-se der absolute Killer, denn ein Mann will sich in dich verlieben und mit dir gemeinsam die Welt erobern. Wenn du ihm aber von vornherein den Schlachtplan darlegst, wird es sich für ihn nicht lohnen um dich zu kämpfen. Sei geduldig, auch wenn der Geburtstag deiner Schwester nur mehr 2 Wochen entfernt ist. Sprich es an, aber überlass ihm die Entscheidung, ob er mitgehen will oder nicht. Es liegt also an ihm, was er aus der Option "deine Familie Kennzulernen" macht.

@Männer: Eh klar, oder? Es ist doch wirklich lästig, wenn die neue Freundin euch auf einen Familienevent einlädt. Was aber tun, wenn man nicht bereit dazu ist, oder sich eigentlich noch nicht sicher ist? Seid euch bewusst, dass es bei diesem Treffen um EUCH gehen wird und nicht um die Feier an sich. Leider liegt es in der Natur der Sache, dass neue Freunde der Tochter/Nichte/Enkel immer auf Herz und Nieren geprüft werden. Wenn sie dir also die Frage stellt, ob du sie begleiten möchtest, steckst du in einem Gewissenskonflikt. Es gibt hier nur eines zu tun: Sprich offen über deine Ängste oder deine Vermutungen, das ist immerhin ehrlich und sie wird dich verstehen. Es gibt allerdings keine Garantie, dass du ihr diesen Wunsch abschlagen kannst. Alles verstanden?

3.8 Das Spiel:

Ein Spiel ist es immer, wenn Frauen auf Männer treffen. Sind es die ersten Blicke, die man einander zuwirft, die Kontaktaufnahme, das erste Abtasten der Gemeinsamkeiten und der erste Kuss, es ist alles ein Spiel, ein Geben und Nehmen auf beiden Seiten. Doch ein Spiel zu spielen ist ein Fehler, wenn du dir mit diesem Mann nichts vorstellen kannst, dann solltest du es auch lassen. Egal ob du damit den Abend zerstörst oder nicht. Es wäre einfach nicht fair dem anderen gegenüber. Im Allgemeinen mögen es Männer aber genauso wenig wie Frauen, wenn sie als Abschluss des Abends deine Telefonnummer bekommen, mit der sie nichts anfangen können (nicht abheben). Deswegen bitte ich dich in deinem und in seinem Interesse kein Spiel zu spielen. Nichts wäre schlimmer, wenn man später feststellt, dass man diesen Mann hätte haben können, wenn man nur etwas mehr Ehrlichkeit an den Tag gelegt hätte.

@Männer: Für euch gilt klarerweise das Gleiche: Wenn du ihre Nummer bekommen kannst, tue das nicht um nur dein Ego zu bestätigen. Nur wenn du auch wirklich planst sie anzurufen hat das ganz einen Sinn. Solltest du das nicht tun, wirst du dein blaues Wunder erleben. Frauen vergessen nicht so schnell und du kannst dir sicher sein, dass sie es nicht vergessen nicht „gewählt" worden zu sein. Man sieht sich im Leben immer 2x. Denke daran, wenn du eine neue Frau kennen lernst und sich im Gespräch herausstellt, dass sie genau die beste Freundin der nicht „gewählten" ist. Die Konsequenzen sollten klar ersichtlich sein.

Kapitel 4

<u>Orte und deren Bedeutung</u>

Sicher hast du dir schon einmal gewünscht Männer zu verstehen, oder sagen wir mal so, sie zu durchschauen.

Nun eigentlich ist es nicht so schwer, denken doch Männer bis zu einem gewissen Teil mit ihren Weichteilen, womit aber auch hin und wieder das Gehirn gemeint ist.

Wichtig ist, nicht alle Männer über einen Kamm zu scheren, sondern ihnen auch die Möglichkeit zu geben, sich zu präsentieren. In diesem Kapitel schauen wir uns einmal die sog. Klassiker an, die Männer über die Lippen kommen, wenn du mit ihnen sprichst.

Es kommt klarerweise immer darauf an, wo du dich mit dem Mann deiner Wahl unterhältst. Männer sind im Job immer bemüht sich von der ehrlichen Seite zu zeigen. Warum tun sie das im wirklichen Leben (in der Freizeit) nicht auch? Tja, das könnte an dir liegen, denn wenn dir Männer gnadenlos zu Füßen liegen, werden sich Männer immer neue Geschichten einfallen lassen, um dich beeindrucken zu können.

Nimm z.B. eine Unterhaltung über die Liebe, das Leben und mehr. Was genau wird er dir da erzählen, was kannst du ihm glauben und welches sind die Fragen, denen Männer immer auszuweichen werden? Bitte vergiss jedoch nie, dass sich solche Antworten immer auf die erste Phase der Kennenlernphase beziehen.

Es gibt so viele Orte auf der Welt an dem sich 2 Menschen fürs Leben finden können. Ob im Cafè an der Ecke, oder in einer Bar, wichtig ist nur, dass du

offen durch das Leben gehst und deinen Kopf nicht
zu sehr verdrehst.

<u>4.1 In der Bar</u>
*(Ich will dir doch nur imponieren und dich nebenbei
verführen)*

In einer Bar ist es wohl klar, alle Menschen er-
scheinen wirklich wunderbar. Wenn du es also ge-
schafft hast, mit deiner neuen Errungenschaft in
Kontakt zu treten, wird er dich mit großer Wahrscheinlichkeit in sein Standartrepertoire einweihen.
Das sind dann so Fragen wie:

Was trinkst du?
Was machst du beruflich, sportlich usw...
Woher bist du usw...

Doch du kannst schon allein anhand der Fragestel-
lung erkennen, ob es sich um einen oberflächlichen
Typen handelt, oder aber um einen Mann, der mit
Leib und Seele dabei ist dir zu verfallen. Wendet er
z.B. die Taktik der einfachen Worte an, wird er nur
den schnellen Erfolg suchen. Er wird nicht an dir,
sondern vielmehr an deinem Körper und den Even-
tualitäten die sich daraus ergeben könnten interessiert sein. (WR: der Satz vorm WR ist glaub ich
zuviel) Er wird dir Fragen stellen, die du mit einem
Satz beantworten kannst und die sich generell um
dein Äußeres oder seinen Status drehen. Was du
verdienst usw. Ja, meine Dame, wir sind mittlerweile
in einer Welt gelandet, in der es leider nicht nur auf
das was man im Herzen hat ankommt, sondern auch

auf das, was sich in seiner/deiner Brieftasche befindet. Generell sind Männer aber doch recht simple Wesen und werden dir immer spontan antworten, ohne über ihre Antworten nachzudenken. Wenn sie dir etwas sagen, dann meinen sie das auch in der Regel so. Ein Problem an der ganzen Sache ist aber, dass es Männer gibt, die sich in diesem Spiel auskennen und dir richtig kontra geben werden. Erkennen kannst du diese Artgenossen daran, dass sie auf dich eingehen und dir einiges von sich erzählen werden. Wenn du ihm also Daten für deine Bevorstehenden Aktivitäten gibst, musst du das Gespräch nur auf ein anderes Thema lenken um danach noch einmal kurz nachzuhaken. Ablaufen könnte das so:

Erzähl ihm z.B. von einer deiner Aktivitäten, die sich am Tage X am Ort Y abspielen. Danach lenke das Gespräch auf ein anderes Thema und schlage ihm ein Treffen für den Tag X vor. Wenn er einlenkt ohne nachzufragen, kannst du davon ausgehen, dass er nicht einmal mehr deinen Namen weiß. Sollte er aber meinen, dass du doch an diesem Tage etwas vorhast, lächle und er wird verstehen. Du sitzt nun einem Menschen gegenüber, der aktiv am Gespräch teilnimmt und sich nicht berieseln lässt. Mit diesem Mann kannst du einiges erreichen, er ist einer von denjenen, nach denen sich so manche Frauen sehnen. Doch auch wenn es nett ist mit ihm zu reden, solltest du dir immer die Frage stellen, was du mit diesem Mann so anstellen willst. Darauf kannst du dein weiteres Gespräch aufbauen und es in die entsprechenden Bahnen lenken.

@Männer: Ihr solltet eigentlich ganz genau wissen, dass eine Frau, die nicht nur euren Körper will, einfach das ist, wonach ihr im Leben streben solltet. In einer Bar habt ihr die Möglichkeit Frauen kennen zu lernen und ohne Probleme anzusprechen. Hier erfahrt ihr, was sie denken, was sie wirklich wollen und wohin der Weg geht, den sie einschlagen wollen.

4.2 In der Disco / Club
(Ich will doch nicht alleine sein, drum nehm ich dich heut Nacht mit heim)

Eine Disco ist ein generell anrüchiger Ort, an dem die wildesten Parties abgehen und du immer wieder in Versuchung gebracht wirst, mit Männern mehr zu machen, als nur abzutanzen. Es ist auch klar, dass man sich nicht in einer Disco trifft um einfach nur zu reden. Hier gibt es immer 2 Möglichkeiten. Die erste ist einfach ein lustiger Abend, mit viel Alkohol und eventuellem „Männer"-Abschleppen. Die andere Variante bezieht sich mehr auf den illusorischen Glauben dort den Mann des Lebens zu treffen.

Männer wählen diese Location um sich den Mut anzutrinken, den sie benötigen um dich anzusprechen. Es gibt hierfür eine Strategie, die Männer wirklich gerne exerzieren. Dazu musst du wissen, dass Männer im seltensten Falle allein unterwegs sind. Meistens sind sie im Gegensatz zu dir in Gruppen unterwegs, um den Gruppenfaktor auszunutzen. Das Prinzip ist einfach: Je mehr Leute sie in der Disco / im Club kennen, desto höher ist die Chance auch an dich heranzukommen. Wenn dir also

ein Typ gefällt, musst du eigentlich nur in seine Richtung blicken und da du ja die Kunst des Flirtens beherrschst wird es nicht lange dauern, bis sich er oder einer aus seiner Runde dir nähert. Nun liegt es also an dir, ob du diesem Lockvogel eine Chance gibst, oder dich über die Feigheit deines Schwarmes ärgerst. Es wird auf alle Fälle ein lustiger Abend, der dir noch bevorsteht. Unterhältst du dich nun mit dem sogenannten Lockvogel, wirst du bemerken wie dein Schwarm immer näher kommen wird. Eine andere Variante ist klarerweise, dass dich der „Brecher" seinen Freunden vorstellt. Mit dem Satz „Möchtest du etwas trinken" (der übrigens jeder Originalität spottet) wird er dich zu seinen Freunden entführen.
Es ist egal, ob du es zu dem Objekt deines Interesses geschafft hast, oder ob er sich dir genähert hat, denn nun beginnt die Konversation, die in einer Disco nicht möglich ist. Mach dich also darauf gefasst, dass er sich immer näher an dich pressen wird, bzw. sich eure Körper langsam aber sicher nähern. Weiters wird er versuchen dich an einen ruhigen Ort zu bringen. Doch Vorsicht ist geboten, wenn er schon angetrunken ist. Männer dieser Gattung haben einfach immer das Problem, dass sie mit ihren Weichteilen denken. Sie wollen viel, doch haben nicht mehr die Möglichkeiten, sich in richtiger Weise zu artikulieren. Hier wird früher oder später auch die Frage nach deiner Nummer kommen. Als kleines Beispiel könnte er ja fragen, ob du eventuell etwas Sportliches mit ihm machst. Wenn ihr Gemeinsamkeiten findet, wird es nicht lange dauern und er wird dich nach der Nummer fragen um spontan etwas auszumachen. Jaja, wir wollen je eh nur mit euch was trinken gehen.

@Männer: Wer glaubt euch den Mist den ihr immer erzählt. Dass es nur um die inneren Werte geht. Wenn ihr angetrunken in der Gegend herumsteht und eine Frau seht die euch mit ihren Blicken einlädt, werdet ihr doch nicht zögern um sie anzusprechen. Eure Absicht ist es doch, dass ihr euch ihr nähert, mit ihr tanzt, und wenn's gefällt, sie nach der Nummer fragt, um sie danach flach zu legen.

Es gibt aber auch Männer, die euch toll finden und nicht in erster Linie das Sexuelle an euch sehen. Lernt ihr z.B. einen netten Kerl kennen, der sich mit euch unterhält, brav mit euch tanzt und dann noch eventuell mit seinem eigenen Taxi nach Hause fährt, ohne euch darum zu bitten bei ihm mitzufahren um nicht alleine zu schlafen, dann wird er für euch noch von größerem Wert sein, da ihr davon ausgehen könnt, dass er euch nie vergessen wird und er nicht nur an eurem Äußerem interessiert ist.

4.3 Beim Sport
(Ich suche jemanden der mit mir das macht, was mir richtig Laune macht)

Bist du gerade auf der Suche nach einem Sportpartner oder besitzt du einfach nur die Absicht, dich sportlich etwas abzureagieren, dann solltest du versuchen in einen Sportklub oder so zu kommen. Badminton oder Laufclubs sind voll im Trend und boomen. Männer die du hier kennen lernen kannst, sind vor allem an einem interessiert, sich sportlich zu verbessern, oder sie sind einfach der Ansicht, dass es sich lohnt sportlich etwas zu tun um dein Interesse zu wecken.

Es ist eine einfache Variante Männer kennen zu lernen, die auf der Suche nach einem Partner sind. Ein weiterer Vorteil hierbei ist, dass Alkohol nur bedingt eine Rolle spielt. Meistens verabredet man sich mit Männern hier um sportlich etwas zu erreichen. Auch sind Gespräche hier nicht unbedingt von Bedeutung. Trotzdem solltest du ehrlich sein. Es gibt nichts Schlimmeres für einen Mann, als wenn er deine Schummelei erkennt und dann enttäuscht mit dir die Stunde herunterspielt. Er wird sich danach „missbraucht" vorkommen und an einer weiteren sportlichen wie auch menschlichen Beziehung nicht mehr sonderlich interessiert sein. Sei deswegen immer ehrlich über deine sportlichen Qualitäten. Er wird es dir danken.

Auch geht es für einen Mann beim Sport immer um den Sieg. Sei also darauf gefasst, dass er es dir nicht leicht machen wird. Bist du hingegen ein blutiger Anfänger, wird er dir liebend gerne unter die Arme greifen und dir behilflich sein. Danach kann sich klarerweise eine Freundschaft entwickeln, bei der es aber nicht bleiben wird, denn Männer sind keine freundschaftlich begabten Wesen. Sie sehen in jedem weiblichen Körper eine Chance auf Fortpflanzung. Vor allem eine Frau, die sich sportlich verausgabt, wird den Großteil der Blicke ernten. Sei also darauf gefasst, dass es immer etwas zu gewinnen gibt, du aber auch verlieren kannst und als „ Softie" abgestempelt werden kannst.

@Männer: Sind wir uns doch mal ehrlich: Mit einer Frau gemeinsam sportlich aktiv zu werden, bedeutet

für uns doch nur, sie einmal in vollem Umfang zu sehen. Wir freuen uns doch, wenn eine Frau, die unser Interesse geweckt hat sich in ein sportliches Outfit stürzt und wir sie begutachten können. Doch lassen wir sie gewinnen? Geben wir ihr die Punkte, die sie zum Sieg auch wirklich benötigt? Oder aber spielen wir das alles nach Plan B herunter? Ich würde einmal sagen, das liegt an der Frau. Wenn sie für uns eine Option bedeutet, dann werden wir alles dafür tun, mit ihr gut auszukommen, tut sie es nicht, wird das ganze auf die sportliche Ebene gelegt und sie bleibt für uns nur als Gegnerin interessant.

4.4 Tanzschulen
(Schwing das Bein, doch nicht allein)

Frauen und das Tanzen, das ist euch doch in die Wiege gelegt. Auch finden wir Männer es wirklich toll, wenn eine Frau tanzen kann. Doch Moment! Wenn Männer vom Tanzen reden meinen sie einfach wild in der Disco herumzuhüpfen und sich nach allen Regeln der Kunst zu verbiegen. Für euch bedeutet Tanzen doch mehr die Klassische oder die Lateinamerikanische Ecke. Männer zu finden, die dies beherrschen ist eigentlich auch keine so große Aufgabe. Doch solltet ihr euren Auserwählten nicht schon am Anfang mit einem Programm überfordern, dem er nicht gewachsen ist. Ein Gutschein zum Monatstag oder Jahrestag könnte hier der Weg zur Sinnlichkeit sein. Klarerweise gibt es aber auch Singlemänner, die sich in Tanzschulen wieder finden. Jedoch sind dies meistens Männer, bei denen Hopfen und Malz schon verloren ist und die den Besuch einer

Tanzschule als letzten Ausweg sehen. Sicher, es gibt auch Männer, denen die Tanzpartnerin abhanden gekommen ist, doch kann man diese an einer Hand abzählen. Dennoch, am Ende des Tunnels gibt es Hoffnung für diese Männer. Denn nun tretet ihr auf den Plan. Ihr werdet euch wundern, welche Männer versuchen das Tanzen zu lernen und einfach nur zu schüchtern sind ganz normal zu fragen. Egal wie und, wo, Tanzen bedeutet leben und das Leben zu erleben. Nicht wenige Beziehungen und Ehen sind durch den Besuch einer Tanzschule entstanden. Leider müsst ihr aber mit dem vorhandenen „Material" (Männern) auskommen, welches sich in der Tanzschule so finden lässt. Ihr seid dann auch für die Dauer eines Kurses an den Mann, der euch zugeteilt wurde gebunden und könnt nur unter Verlust von Geld und Zeit einen Ausweg finden dies zu ändern. Männer werden hier jedoch schüchtern und zurückhaltend agieren und selbst die einfachsten Bewegungen werden wirken, als hätte er Schlafmittel oder ähnliches im Blut. Abschließend bleibt also zu sagen, dass ihr nur dann die Option Tanzschule in Anspruch nehmen solltet, wenn es euch nur ums Tanzen geht, oder mit dem Mann eures Lebens einfach etwas anderes erleben wollt und dies für eure zukünftige Partnerschaft von Nutzen ist.

@Männer: Entsprechend eurer Einstellung werdet ihr doch nur dorthin gehen, wenn es sich eure Freundin wünscht, oder wenn ihr unbedingt eine neue Freundin kennen lernen wollt und dies dem Zufall überlassen wollt. Die Lust am tanzen kann man nicht lernen, sie muss in einem sein. Vergesst aber nie, dass ein Mann, der Tanzen kann, bei jeder Frau gut an-

kommt. Es liegt also an euch, ob ihr euch verändern wollt, oder in einer Bar dem Alkohol huldigen wollt. Mein Tipp: Versucht es, es ist kein Fehler sondern eine wirkliche Chance eure Skills aufzuwerten. Erwartet jedoch nicht zuviel, es ist nur eine Option die man ziehen kann, wenn einem die Ideen ausgehen.

4.5 Im Cafè

(Koffein und mehr, belebt den Geist, den Körper und noch mehr)

Ein üblicher Treffpunkt, den jeder von uns schon einmal betreten hat. Meistens wirst du mit einer Freundin oder einer Arbeitskollegin dort aufschlagen, einen Kaffee genießen und einfach etwas über das Leben sinnieren. Hast du schon einmal die Männer bemerkt, die sich in solchen Lokalitäten aufhalten? Meistens sind es Schüler & Studenten, die dem Leben frönen, weil sie wieder einmal eine Stunde „versäumt" haben. Es soll aber auch Männer von der Sorte geben, die sich einfach nur einen Kaffee genehmigen um sich in der Mittagspause oder nach getaner Arbeit etwas abzulenken. Nichts ist einfacher, als in einem Cafè einen Mann anzusprechen. Allein der Gedanke an eine Zigarette oder die Frage um ein Feuer erfüllt meistens schon den Mittel zum Zweck. Der Mann wird sich nicht mehr so verhalten, wie er war, weil er bemerken wird, dass eine Frau ihr Interesse an ihm bekundet hat. Das wiederum weckt seine Triebe. So wird er versuchen ein Teil des Gespräches zu werden. Ja vielleicht lädt er dich sogar auf einen Kaffee ein. Doch vor diesem Schritt schrecken

Männer meistens zurück, da sie sich ja vor der ganzen Welt einen Korb holen könnten.

Stehen sie jedoch an einer Theke, ist es ein Kinderspiel mit ihnen ins Gespräch zu kommen. Vielleicht eröffnest du die Unterhaltung. Die Zeiten sind vorbei, in denen Frauen sich nicht mehr trauen, also nutze die Chance. Nicht immer wirst du Männer finden, die auf der Suche nach einer Freundin sind. Es gibt auch Männer, die einfach nur relaxen wollen und deinem Charme nicht erliegen werden. Hier wäre es notwendig ihn nicht weiter zu umgarnen oder mit diversen Anspielungen zu versuchen sein Interesse zu wecken. Wenn er nicht will, dann will er nicht und das sollte man auch als Frau akzeptieren.

@Männer: Du hast ein Stammcafè, wo du dich immer wieder aufhältst und jeden Tag zur selben Zeit kommt diese eine Frau, die sich immer wieder an den gleichen Platz setzt, ihren Cafè Lattè genießt und danach sofort wieder entschwindet? Schaut sie dir öfters an! Merkst du, dass hier etwas entstehen könnte?

Ja dann mein Freund wäre es an der Zeit sich ihr zu nähern. Sollten deine Avancen bei ihr jedoch nicht auf fruchtbaren Boden fallen, lass sie bitte in Ruhe. Nicht jede Frau muss / kann / soll erobert werden. Und eine schlechte Nachrede ist schlimmer als eine vergebene Chance, man sieht sich im Leben immer 2mal.

Kapitel 5

Events für Zweisamkeit

(Was er denkt, wie sie lenkt)

Sind dir aber schon einmal die Pärchen aufgefallen, die so überhaupt nicht zusammenpassen? So wie die Schöne und das Biest? Woran könnte dies liegen? Am übermäßig guten „Gender-Traffic", oder doch eher an den Gemeinsamkeiten, die sie so füreinander empfinden? An den Dingen die sie miteinander austauschen und an dem was sie so gemeinsam erleben.

Wir gehen jetzt einfach mal davon aus, dass du deinen Traumprinzen schon gefunden hast. Gut, kuscheln und schmusen ist schön, aber erfüllt auf die Dauer auch nicht wirklich das Beziehungsleben. Also müssen wir etwas tun. Schlimm finden es Männer dann, wenn die Frau etwas unternehmen will, er aber die Ideen dafür liefern soll, die schlussendlich auch noch gefallen soll. Ein Problem, welches wir nun näher erörtern wollen. Männer sind nämlich keine Barbiepuppen mit denen „Frau" so ohne weiteres spielen kann und sollte. Männer sollten Partner sein und kein Vorsorgeobjekt die alles für dich regeln und welche du nach deinen Wünschen hin und herschieben kann. Was gibt es außerdem schöneres, wenn man von einem gemeinsamen Event berichten, in Erinnerungen schwelgen kann und diesen regnerischen Tag damit verbringen kann, neue Pläne zu schmieden. Vielleicht hast du mit deinem Partner ja schon folgendes versucht, wenn nicht, ein Versuch kann niemals ein Fehler sein. Just try it !!

5.1 Gemeinsamkeiten

(Gemeinsame Interessen, damit brauchst du dich nicht mit anderen messen)

Männer sind gelinde gesagt, simpel. Wirklich einfach. Wenn du ihnen etwas bietest, werden sie nicht abschweifen und sich für andere Frauen interessieren. Das einzige, was einen Mann von dir entfernt, ist neben Streitigkeiten der so genannte Alltag in einer Beziehung. Immer wieder derselbe alte Trott. Klar ist es schön, wenn man einen geregelten Tagesablauf hat, aber sich wiederholende Tätigkeiten, die sich zur Routine entwickeln, werden in der Beziehung den Zauber der Leidenschaft schnell zum erliegen bringen. Deshalb ist es enorm wichtig nach Gemeinsamkeiten zu suchen. Ihr habt euch beim Laufen kennen gelernt? Dann versucht es einmal mit einem romantischen Wochenendausflug und anschließendem Marathonevent in der jeweiligen Stadt. Ihr seid gerne unterwegs? Dann versucht einmal durch Städtereisen diverses Kulturmaterial zu sammeln. Wie das funktionieren kann? Einfach offen über eure Wünsche reden und ein gemeinsam mehr erleben. Die folgenden Punkte sollen dir einen Überblick darüber geben, was alles möglich ist und welches die größten Fehler bei all diesen Dingen sind.

@Männer: Klarweise wird von uns immer verlangt, dass wir alles wissen und immer ein reines Gewissen besitzen. Sicher, es ist nicht immer leicht die holde Maid zufrieden zu stellen, Aber was bringt es euch zuhause im Kämmerlein zu sitzen oder mit eurem Geld zu protzen? Generell gilt doch, einfach mal den

Kopf einschalten und etwas spazierendenken zu lassen

Nehmt euch die folgenden Möglichkeiten zu Herzen, dann erleidet ihr keine Beziehungsschmerzen.

5.2 Sport

(Gemeinsam eure Körper spüren und danach vielleicht verführen?)

Eine Beziehung besteht nicht nur aus den geistigen Reizen, denn vor allem am Anfang wird man sich in das Äußere eines Menschen verlieben. Klingt zwar gemein, ist aber leider so. Es kommt immer darauf an, ob einem der Mann etwas bieten kann und ob die Frau zu einem passt. Sport bietet eine Möglichkeit euch gemeinsam zu verwirklichen, oder aber auch einfach nur den Beziehungsfrust über Bord zu werfen. Bist du schon einmal gemeinsam mit deinem Freund über eine Brücke gelaufen oder hast du mit ihm gemeinsam einen Marathon bestritten? Ist dir dabei aufgefallen, dass es eventuell diese Dinge sein könnten, dass man etwas gemeinsam erreicht und somit für sich und für die Beziehung eine unvergessliche Erinnerung schafft? All das bietet dir Sport.

 Auch wenn es für manche eher der Sport auf der Couch oder der im Bett ist, der wichtig erscheint, sind Männer dennoch an ihrem eigenen Körper interresiert. Der Körper ist ein Instrument, welches man nicht außer Acht lassen sollte. Er ist ein Gut, dessen man sich erst bewusst wird, wenn man Probleme bekommt. Warum also nicht Vorteile und Gemeinsamkeiten verbinden und danach eventuell nach einer gemeinsamen Dusche mal spontan zum

Italiener um die Ecke gehen um die abtrainierten Kalorien wieder einzunehmen? Wieso sollte das nicht im Interesse des Einzelnen liegen und der Beziehung liegen?

Männer sind ja von sich aus in dieser Hinsicht ein eitles Völkchen. Wenn ihr die Bikinischönheiten am Strand von Malibu bewundert müsst ihr euch doch eingestehen, dass ihr zumindest einen klitzekleinen Gedanken daran verschwendet, was denn passieren würde wenn ihr so wie sie sein würdet.

Viel ist die Rede von Muskelprotzen oder den allseits bekannten Männern in den kurzen Hosen, von denen ihr so fasziniert seid. Wir wären gerne wie diese Lustobjekte des weiblichen Gedankengutes. Wir würden gerne jede Frau alleine mit unserer Männlichkeit und unseren Muskeln davon überzeugen, dass wir doch der Richtige in ihrem Leben wären. Aber gelingt uns das? Nein, wohl eher nicht. Wir vertiefen uns lieber in ein Thema, welches uns nichts angeht, völlig sinnlos, aber so sind wir leider, etwas durch den Wind. Dennoch habt ihr eine gewisse Teilschuld an unserem Denken, wenn ihr Männern mit knackigen Hintern und durchtrainierten Bäuchen, die z.b. in einer Stripshow auftreten nachgeifert. Also was tun, um dieses Dilemma zu beseitigen?

Es wäre so einfach. Begib dich auf die Suche nach einer Sportart, die ihr Beide bewältigen (WR: bewältigen?) könnt. Die euch beiden nicht zuviel von eurer Zeit raubt und die euch beiden etwas Erfüllung gibt. Seid ihr beides Anfänger und wisst nicht wie? Dann rafft euch auf, sucht etwas, was mit der Natur zu tun hat. Wenn man nur zuhause weilt und diverse TV-Serien auswendig kennt, wird man sich nicht weiterentwickeln. Und wenn man die No Sports Philosophie befolgt, muss man sich nicht wundern warum ER immer Bier trinkt und Chips isst und Sie in anderen Dingen (Haushalt, Kaffee …) ihre Erfüllung findet. Also denkt daran, Sport bietet EUCH Freizeit, Erholung, gemeinsame Erlebnisse und vor allem lernt ihr Energien in eurem Körper nutzbar zu machen, die bis dato unentdeckt blieben. Dennoch sei gesagt, dass wir keine Knochengerüste wollen, sondern eine Frau mit weiblichen Rundungen immer wieder die Phantasie der Männerwelt erregt.

@Männer: Gleiches gilt für Euch. Glaubt ihr wirklich, dass ihr mit Muskeln eine Frau beeindrucken könnt? Glaubt ihr wirklich, euer Aussehen ist derart wichtig, dass ihr alleine mit dem Anspannen eueres Bizepses die Frauen reihenweise umwerft? Wenn dies so sein sollte, dann wünsche ich euch viel Erfolg im weiteren Leben, beschwert euch aber nicht, dass ihr nur etwas für die Optik kennen lernt und euch die wahre Liebe im Herzen verschlossen bleibt. Schon mal an später gedacht, wenn sich eure Muskeln nicht mehr in Form halten lassen und ihr wie ein Sandsack durch die Gegend watschelt? Was glaubt ihr, wo werden dann diese tollen Frauen sein?
Aber um auch diesmal einen Weg aufzuzeigen, Sport bietet euch nicht nur Erholung und wenn man sie mit Maß und Ziel betreibt, dann kann man seinen Körper in Form halten. Niemand (fast niemand), vor allem nicht Frauen wollen täglich einen perfekt trainierten Mann, mit dem sie sich über die verschiedenen Formen des Muskelaufbaus unterhalten können. Wenn sie ihn von der Ferne sehen können und dann auch noch berühren dürfen, reicht das für die Mehrheit. Das Leben werden sie mit jemand ver-

bringen, der mit ihnen gemeinsam etwas unternimmt und nicht der sie betört in der Ecke zurücklässt....

5.3 Ausflüge
(Weg vom Alltagstrott oder die Beziehung endet am Schafott)

In einer Beziehung ist es vor allem vonnöten die gewisse Spannung am Leben zu erhalten. Die Liebe sollte sich von gemeinsamen Events ernähren, auf die man gemeinsam zurückblicken kann. Über die man lachen und an die Mann/Frau sich auch gemeinsam erinnern kann. Männer sind Faultiere, die nichts lieber täten als zuhause vor dem TV zu überwintern und sich von dir alles vor die Nase setzen lassen würden. Doch lass dies nicht einreißen! Es ist wichtig, deinen Mann einmal in die Öffentlichkeit mitzunehmen. Zum ersten, dass er die Welt da draußen noch erkennt, zum zweiten, um eine Ortsveränderung mit ihm durchzuführen. Auch wenn du ihm damit auf den Geist gehst, braucht er es. Männer lieben es, wenn sie getreten und gestoßen werden. Ein Fehler wäre daher, wenn du ihm alles recht machen würdest. Wie schön öfters erwähnt sind Männer simple Wesen, die sich sehr leicht von etwas beeinflussen lassen, sich begeistern oder auch angewidert fühlen können. Wenn du ihm alles recht machst, dann würdet ihr wahrscheinlich innerhalb kürzester Zeit derart aneinanderkleben, dass eine Trennung nur mehr chirurgisch möglich wäre. Also raus in die Welt, in die freie Natur und etwas erleben. Es bieten sich so viele Möglichkeiten an, die es lohnt wahrzunehmen.

@Männer: Sagt mal ehrlich, habt ihr schon mal versucht eure Frau/Freundin auf eine Wanderung einzuladen, gemeinsam einen Berg zu erklimmen, nach dem Gipfelsieg bei einem gemeinsamen Picknick auf die Umwelt um euch herum zu blicken? Nimm einfach mal die Möglichkeiten wahr, die sich dir in deinem Land bieten. Oder wie wäre es mit einer Schlössertour oder einem Kurzurlaub in eine andere Stadt, wo man gemeinsam die geheimen Plätze entdecken kann, in einer verträumten Ecke von Venedig einen Kaffee zu trinken, Weg von all den Touristen oder einfach einer Übernachtung in freier Natur, einem Campingausflug oder ähnlichem...? Es gibt so viele Möglichkeiten. Denk ein bisserl kreativ, denk an die Zeit, an der du sie noch erobern musstest. Warst du da nicht viel flexibler? Als Abschluss wäre noch zu sagen, dass du ihre Ideen unterstützt und sie ausprobierst. Ein Versuch kann doch niemals ein Fehler sein. Also beweg dich MANN!!!!!!!

5.4 Konzerte
(Singen, Tanzen und noch mehr, ja da müssen Konzerte her)

Ja wir Männer wissen, dass ihr so gerne mit uns auf Konzerte gehen wollt, am liebsten jederzeit und überall hin. Deute es doch einfach an, dass es dir wichtig ist mit uns gemeinsam etwas zu machen. Gib uns Hinweise, die wir auch verstehen können.

Kommt z.B. dein Schwarm im TV, dann gibt uns einen Tipp.

„Ich finde den so toll, weil…"-ein so einfacher Satz kann bei einem aufmerksamen Mann schon Wunder bewirken. Wenn du also vor einem Jahrestag oder ähnlichem stehst, dann kannst du davon ausgehen, dass er es dir honorieren wird. Männer brauchen Tipps von dir, die sie in die Tat umsetzen können, es darf aber nicht zum Zwang werden und zu offensichtlich sein. Gib ihm deshalb mehrere Möglichkeiten, auf die er sich einstellen kann. Wenn du einen Schritt zurück machst, wird er dir einen Schritt entgegenkommen und ihr damit gemeinsam einen tollen Abend erleben. Eine andere Möglichkeit auf Konzerte zu kommen, die dir gefallen, ist, sich mit dem besten Freund deines Freundes zusammenzusetzen und ihn nach allen Regeln der Kunst über die Vorlieben deines Holden auszufragen (falls du diese noch nicht kennst). …..

@Männer: Auch die Frau an deiner Seite wird einen geheimen Schwarm haben. Eine Lieblingsgruppe die sie sich so sehr wünscht mit dir gemeinsam anzusehen. Warum tust du ihr nicht einmal den Gefallen auf dieses Konzert von Robby W. zu gehen? Auch wenn es noch so schmerzt, es gefällt ihr. Spring über deinen Schatten und du wirst feststellen, dass es ein Erlebnis ist mit ihr gemeinsam im Takt zu schwingen. Und wenn der Robby W. nicht dein Typ sein sollte, dann such dir doch wen anderen aus, den deine Frau/Freundin gut findet. Auch hier gilt wieder, zeig dich offen für neues. Spontanität sollte dein Zauberwort sein. Die Konsequenz werden Abende sein,

die SIE dir niemals vergessen wird. Also denk daran: Open your mind, be prepared for the unexpected.

5.5 Gemeinsame Freunde
(Vorsicht ist hier angebracht, denn Freunde schöpfen leicht Verdacht)

Befreundete Pärchen zu kennen ist eine tolle Sache, gemeinsam Dinge zu planen und diese in die Tat umzusetzen. Jedoch solltest du dir im Klaren sein, dass dein Freund die beste Freundin von dir eher nicht so sehr mag wie du, ja noch schlimmer, vielleicht verstehen sich eure Partner ja überhaupt nicht. Wir Männer denken hier ganz pragmatisch, mögen wir deine Freundin oder deren Partner ist alles eitel Wonne, wenn nicht, dann wird es eher länger dauern, bis wir uns für ein gemeinsames Event aufraffen können. Wir werden von unserer Meinung nicht heruntersteigen, schon gar nicht, wenn du es von uns forderst. Weise uns in dezenter Art darauf hin, was du möchtest, aber setz uns bitte nicht unter Druck. Tust du dies, dann sei dir klar, die Zeit mit dir war wunderbar, aber das Ende ist absehbar. Wir Männer wollen das Gefühl haben das Ruder in der Hand zu haben, lassen uns aber von unserer „Steuerfrau" dazu überreden, den Kurs zu abzuändern.

Gemeinsame Freunde können auch einen Streitpunkt darstellen, vor allem wenn gerne intrigiert wird. Viele Beziehungen wurden beendet, weil Probleme lieber mit der besten Freundin besprochen wurden, als diese klar an denjenigen zu richten, den es eigentlich betraf. Es ist hier also Vorsicht geboten. Auch wenn es sich um die beste Freundin handelt sollte man ihr nicht immer alles ganz genau erzählen. Wenn Männer nämlich dahinter kommen, dass eure Geheimnisse nicht mehr euch beiden gehören, wird es ein Problem geben, das du nur schwer aus der Welt räumen kannst. Er wird dir in Zukunft weniger erzählen und du wirst ihn noch weniger verstehen. Also sei offen, stell deine Frage direkt und er wird dir antworten. Grad heraus ist meistens das Beste. Auf Spielchen haben nämlich Männer überhaupt keine Lust.

@Männer: Ja toll, oder? Wenn man von der Glücksgöttin gesegnet wurde und sich wieder einmal nicht allein nach Hause begeben musste, himmelhochjauchzend am nächsten Morgen die Äuglein auftat und erkannte das man wieder einmal alleine im Bett war. Aber ist es wirklich notwenig, dieses Erlebnis verbal mit deinen Freunden zu teilen? Ist es wirklich notwendig, dass dich alle als Aufreißer titulieren und dich dementsprechend sehen? Sei dir bewusst, dass du sehr schnell in Verruf kommen kannst. Bedenke die Konsequenzen, welche Frau will sich als nächstes auf deiner Abschussliste wieder finden? Oder willst du dich auf so einer Liste oder in einem schwarzen Buch wieder finden? Das wichtigste an deinen amourösen Abenteuern ist die Diskretion. Glaub mir, Frauen werden es zu schätzen wissen.

Kapitel 6

Männer & ihre Phasen

Das Problem in der heutigen Zeit liegt doch eigentlich daran, dass wir nicht wissen was wir wollen. Die Reizüberflutung und all die Dinge, die wir im TV sehen, werden uns den Kopf verdrehen. Wir Männer sind ein eitles Volk, das sich eigentlich nur in der Gegenwart verwirklichen kann. Vorbei sind die Zeiten in denen man ruhmreich vom Schlachtfeld der Liebe nach Hause geritten kam. Vorbei sind die Zeiten wo man als strahlender Held das Herz jeder holden Maid zum Schmelzen brachte. Es ist also an der Zeit um euch etwas von uns Männern beizubringen, wie wir wirklich denken wenn wir in folgende Situationen geraten.

6.1 Verliebtheit:

(Ich vermiss dich heut so sehr, ich geb dich nie mehr her)

In der ersten Phase der Verliebtheit sind Männer von ihren Gefühlen überwältigt, sie versuchen alles um dir zu imponieren und sich an deiner Seite zu etablieren. Immer wieder werden sie mit neuen Überraschungen auf dich zukommen. Ein nettes SMS, ein netter Brief, oder, in Zeiten wie diesen, ein Email in dem sie das Interesse an dir bekunden. Du wirst von ihrer Spontanität begeisterst sein, wenn sie einmal vor der Tür stehen und dich zu einem romantischen Essen einladen oder einfach nur bei dir bleiben. Sie wollen alles auf einmal, es gibt kein

Schwarz oder weiß, auch ein "Nein" werden sie nicht gelten lassen. Sie sind von ihrer Verliebtheit überzeugt und sehen in dir die Richtige. Begehe aber niemals den Fehler zu schnell in ihre Arme zu fallen, da du sonst nur ein Opfer ihrer Leidenschaft werden würdest. Sie würden für dich sterben sind zu allem bereit. Aber nur solange du nicht das Bett mit ihnen teilst. Lernst du also heute jemanden kennen, der sowohl optisch als auch geistig deinen Anforderungen entspricht, gehe es langsam an. Aber ganz die kalte Schulter solltest du ihm auch nicht zeigen. Lass ihn kommen, lass ihn arbeiten und lass ihn versuchen der Steuermann an Bord eurer „Beziehung" zu sein. Wenn ihr euch gut unterhaltet und du auch Gefallen an ihm findest, wird er immer näher an dich herankommen, was spricht also dagegen seine Versuche mit einem Kuss zu erwidern. Es ist doch so, dass „Küssen" unter die Rubrik „Kann eigentlich kein Fehler sein" fällt. Außerdem ist der erste Kuss sehr aufschlussreich über die Art wie er seinen Körper beherrscht. Es empfiehlt sich auch nicht in Alkohol zu ertrinken um diesen ersten Kuss in vollen Zügen zu genießen. Er wird nach mehr verlangen, doch du solltest ihm klar seine Grenzen aufzeigen. Die Zeiten eines ONS (One-night-stand) sind zwar toll und leidenschaftlich, dennoch wird aus diesen Begebenheiten nur selten mehr. Eventuell kannst du mit ihm eine tolle erotische Nacht erleben, doch was ist am nächsten Tag? Entweder wird sich einer von euch beiden davonstehlen, oder noch schlimmer du ihn der Wohnung verweisen. Also halte dich zurück, man darf Männern nicht alles sofort geben, sie müssen das Gefühl bekommen das sie es sich erarbeitet haben. Wenn du dich nicht an diese

Regeln hältst wirst du schnell in den Ruf kommen ein „leichtes Mädchen" (also eine Frau die leicht zu haben ist) zu sein, mit der man zwar viel erleben kann, die jedoch völlig uninteressant ist für den weiteren Verlauf einer „Bekanntschaft" bzw. einer Beziehung ist.

@Männer: Wir wissen was uns an einer Frau interessiert oder? Ist das Gefühl nicht herrlich, von einer Frau fasziniert zu sein, wenn sie einen erblickt und du merkst, dass dein Herz höher schlägt? Sind wir uns doch einmal ehrlich: Haben wir so etwas, wenn wir mit der Erstbesten ins Bett steigen und den Akt der Liebe vollziehen? Ist es nicht sinnvoller endlich wieder mal mit dem Kopf aus den Hüften zu kommen und neue Pläne zu schmieden? Mit einem schweren Kopf und Händen wie Blei lässt sich dies allerdings nicht verwirklichen. Wenn euch eine Frau also einlädt, mit ihr etwas Zeit zu verbringen, dann tut das auch. Auch empfinde ich es als wichtig, wenn man an einer Frau fasziniert ist, man zwar noch keine Beziehung hat, aber dennoch mit dem Herz dabei ist, sich über eines im klaren zu sein: Es kann zu diesem Zeitpunkt nur eine geben. Wenn ihr andauernd dem Sport „Dating" nacheifert, werdet ihr recht schnell ein Argumentationsproblem haben, wenn sie euch bei einem „Kaffee" mit einer anderen Dame erwischen wird. Also bitte, überlegt euch was ihr wollt und lebt danach. Vielweiberei ist zwar in manchen Staaten erlaubt, aber in unserer Gegend doch verpönt. Denkt daran, was wäre, wenn sie sich auch mit mehreren Männern treffen würde… Wie wäre das denn…. ?

6.2 Ehemalige Beziehungen:
(Verzeihen, ja das fällt nicht schwer, vergessen dafür umso mehr)

Ein leidiges Thema, komischerweise bedeuten ehemalige Beziehungen Frauen immer mehr als Männern. Während also Männer mit einer Beziehung (wenn es nicht die große Liebe war) relativ schnell abschließen und zurück auf die Piste gehen, werden Frauen des Öfteren nach dem Grund suchen warum es nicht geklappt hat und die Zeit mit ihren besten Freundinnen betrauern. Männer machen dies zwar auch, aber nur in bedingtem Maße. Sicher ist es richtig, dass man aus jeder Beziehung lernt und diese Lehren für das weitere Leben nützt, dennoch ist es so, dass wir Männer mit dem Schlussstrich relativ gerne schnell abschließen, um uns neuen "Aufgaben" zu widmen. Ein anderer Fakt ist aber auch, dass, wenn du wieder in einer neuen Beziehung steckst, dich die „Ehemaligen" brennend interessieren. Lass dir gesagt sein, dass es nichts Schlimmeres für einen Mann gibt, als über seine „Exen" zu sprechen. Auch wenn ihr ihm so gerne die Frage stellen würdet wie viele Frauen er schon geküsst, oder welche Maid in seinem Gemach schon schöne Stunden mit ihm zugebracht hat. Für uns Männer ist dies immer ein zweischneidiges Schwert, erzählen wir dir zuviel, oder zuwenig, wir wissen es einfach nicht. Männer wollen am liebsten mit ihren Exen alleine sein, damit ist gemeint, dass Beziehungen nur seine Freunde und sein Gehirn etwas angehen. Er wird es dir vielleicht einmal erzählen, aber nicht am Anfang einer Beziehung oder einer anderen Variante des Zusammenseins. Sollte er es dennoch tun, so wird er sich nicht wohl fühlen. Wenn er aber frei von der Leber spricht und sich kein Blatt vor den Mund nimmt, sei dir gewiss, dass du es mit einem sog. Schneckencheker zu tun hast, der schon des Öfteren der schönsten Nebensache der Welt gefrönt hat. Vielleicht einmal zu oft.

Wenn du einen Mann an dich binden willst und von ihm mehr erfahren willst, dann eröffne das Fragebombardement nicht mit Fragen über seine „Ehemaligen". Es würde nur stören, da er sich doch auf dich konzentrieren soll und nicht in Erinnerungen von damals schwelgen sollte. Gebt uns Zeit! Wir sind auch keine Tiere, die Verletzungen unseres Herzens so ohne weiters wegstecken können. Wir Männer brauchen auch Zeit Vergangenes zu überwinden und wenn wir uns mit dir treffen, wollen wir einfach eine schöne Zeit mit DIR erleben nicht in den Fegefeuern der Vergangenheit schwelgen.

Abschließend erübrigt sich auch die Frage, warum wir nichts von deinen Freunden wissen wollen. Wir haben ein Problem damit, wenn wir uns andere Männer mit dir vorstellen müssen. Weil wir genau wissen, das es nicht nur beim Händchenhalten geblieben ist. Nein wir sind nicht prüde, aber wir geißeln uns nun mal nicht gerne selbst...

@Männer: Wenn ihr schon beim ersten Treffen mit Sätzen wie „Hey du schaust ja aus wie meine Exfreundin oder Ähnlichem auf deine Auserwählte zugeht dann wünsch ich euch schon einmal viel Spaß beim Vodka den ihr nach der Abfuhr bestellen könntt. Denkt einfach mal nach bevor ihr sprecht. Es gibt so viele Themen über die man sprechen kann, das Thema Exfreundinnen sollte partout

ausgeklammert werden. Sprich das Thema auch nie an. Denke nicht einmal daran. Oder hast du vielleicht eine hellseherische Ader, die dir genau mitteilt, was sie in ihren Beziehungen vor dir so alles erlebt hat? Es könnte etwas schlimmes sein, dessen du dich noch nicht gewachsen fühlst und blöde Anmachsprüche kannst du gerne mit deinen Freunden diskutieren. Wenn du aber mit dem Herz in der Hose vor ihr stehst, wird es sowieso schon schwer genug sein. Als übe dich in Geduld.

6.3 Übergangsfreundin:
(Du bist es nicht, ich weiß es wohl, dennoch fühl ich mich mit dir so wohl)

So etwas gibt es leider, aber du wirst recht schnell merken was vor sich geht. Übergangsfreundinnen treten dann auf den Plan, wenn MANN sich gerade von einer Freundin getrennt hat, der er sich emotional noch immer verbunden fühlt. Leider kristallisiert sich diese Art von Freundin erst später heraus, was wiederum bedeutet, dass wir einfach nicht wissen was wir wollen. Sind wir am Anfang noch über beide Ohren verliebt, stellen wir spätestens nach den ersten Nächten fest, dass es nicht so ganz das ist, was wir uns vorstellen. Während deine Vorsicht der Leidenschaft gewichen ist, sind wir mit der Situation restlos überfordert und versuchen auf Abstand zu gehen. Nur wenige von uns Männern sind in der Lage mit diesen Umständen richtig umzugehen. Leider versuchen wir den Schein der neu entstehenden Liebe aufrechtzuerhalten, auch wenn wir schon längst wissen, dass es keinen

Sinn mehr macht. Erkennen kannst du dies an dem abnehmenden Interesse, den immer öfter auftretenden Ausreden, die von „Arbeit" über „müde" bis hin zu „gesellschaftlichen Verpflichtungen" reichen. Sollte es z.b. in der Weihnachtszeit sein, wird die Romanze kaum über die Feiertage bzw. Jahreswechsel anhalten. Und wenn doch, dann tun wir das eigentlich nur um nicht allein zu sein. Sicher, in dieser Situation sind wir richte verlängerte Hinterteile, aber wir können nicht umhin dies zu tun. Es ist unsere Art mit der Problematik umzugehen.

Nimm z.b. einmal deine Art der Problembewältigung her. Natürlich begibst du dich nach einer gewissen Trauerphase wieder auf die Piste, dennoch bist du auf der Suche nach einem neuen Freund. Vielleicht machst du aber auch den Fehler mit deinem ehemaligen Freund noch immer so etwas wie eine Freundschaft aufrechtzuerhalten. Vielleicht schreibt ihr euch auch tolle, wirklich „feine" Emails, in der ihr euch gegenseitig über euren Beziehungsstatus updatet. Wenn ich dir einen Tipp geben darf: Es ist ein Fehler! Wenn ein (Ex-)Mann mit dir versucht Kontakt zu halten, hat er meistens nur eines im Sinn, abzuklären ob noch Interesse besteht. Wenn du dich nicht von ihm löst wirst du feststellen, dass der Arbeitsalltag anstrengender ist und du den Abend nicht mehr so richtig genießen kannst, weil ja immer der Gedanke an ihn in deinem Kopf herumschwirrt. Also schließ einfach mit ihm ab, beschränke den Kontakt mit ihm auf das Notwendigste und mache niemals den Fehler in schwachen Momenten Anruf, SMS oder ähnliches an ihn zu senden. Wenn es bisher nicht sein sollte, warum sollte es gerade in diesem Moment passend sein, es hätte mit keiner anderen funktioniert, also suche den Fehler nicht bei dir. Er liegt bei uns, verzeih….

@Männer: Schwarz oder weiß. Ja oder nein, das ist es was wir wollen sollten. Doch woran denken wir? Völlig egal, Hauptsache wir sind nicht allein. Aber habt ihr schon einmal darüber nachgedacht, was ihr den Frauen damit antut? Kennt ihr die Schmerzen und die Gedanken die „Frau" hat, wenn sie an euch denkt? Oder noch schlimmer, die Momente in denen sie euch vermisst und daran glaubt, dass ihr es ehrlich mit ihr meint, sie aber nur eine Art „Notlösung" ist? Nun ich hoffe für dich, dass du es nie am eigenen Leib erleben musst. Wenn du in ihr nur eine vorübergehende Partnerin oder gar nur ein Abenteuer siehst, dann erleichtere dein Gewissen und teile es ihr umgehend mit. Sie hat es verdient, auch wenn du sie nicht liebst, so solltest du zumindest dem Kodex der Ehrlichkeit Tribut zollen.

6.4 Amor finitus:

(Alles is aus, geh aus meinem Herzen raus)

Es ist immer schlimm, wenn sich eine Beziehung dem Ende nähert und im schlimmsten Fall auch beendet wird. Aber leider gibt es nicht immer einen Schuldigen sondern meistens sind beide Teile (Mann / Frau) daran beteiligt. Lass dich nicht hängen sondern denk einfach daran, dass es einfach nicht sein hat sollen. Klar haben wir eine andere Art mit dem Ende einer Beziehung umzugehen, dennoch sind wir nicht kalt. Wir schotten uns einfach ab um mit der uns eigenen Art damit umzugehen. Vielleicht sollte man sich nicht fragen, wie Mann / Frau mit dem Ende umgeht, sondern was dazu geführt hat das es keinen Sinn mehr hatte diese Beziehung weiterzuleben. Ist es vielleicht das Nebeneinandererleben oder einfach nur die Tatsache, dass sich beide Teile (Mann und Frau) in eine andere Richtung weiterentwickelt haben. Vielleicht ist einfach der Lebensabschnitt vorbei in dem man miteinander leben kann. Sollte aber eine Affäre der Auslöser für das Ende einer Beziehung sein, dann liegt das sicher nicht nur am Mann oder an der Frau sondern daran, dass sowohl die geistige als auch die körperliche Anziehung verlorengegangen sind. Leider halte ich nicht viel davon, eine Beziehung, die aufgrund von "Gender-Traffic" Problemen den Weg in den Abgrund gefunden hat, zu reaktivieren. Was einmal nicht gepasst hat, wird auch in 10 Jahren nicht mehr passend gemacht werden können. Man wird zwar verzeihen können, aber vergessen wird man nie.

Die Quintessenz aus dem Beziehungstod sollte also sein, dass sowohl Frau als auch Mann sich Gedanken darüber macht. Ziehe dazu deine Freundinnen zu rate und besprich einfach die Situation durch. Bleibe aber diskret, weil wir Männer es euch wirklich nicht verzeihen würden, wenn du zu sehr aus dem Nähkästchen plauderst. Wir hatten eine Beziehung mit dir und nicht mit deiner besten Freundin. Begehe auch nicht den Fehler jeden Schritt deines Exfreundes nachzuvollziehen und auf diversen Onlineportalen nach eventuellen Vergehen seinerseits zu suchen. Faktum ist, ihr hattet eine schöne Zeit, doch es war noch nicht soweit, dass eure Herzen sich verbanden und in Zweisamkeit Erfüllung fanden.

@Männer: Wieder mal von einem Bier nach Hause gekommen und irgendwie verstehst du nicht warum sie dich verlassen hat? Ja mein Freund, vielleicht solltest du dir einmal darüber klar werden, dass Weggehen zwar toll war aber die Probleme in deiner Beziehung nicht überspielen konnte. Eventuell liegt es auch daran, dass du dich mehr um deine Freunde gekümmert hast als um die Frau an deiner Seite. Warum hast du dich immer mehr zurückgezogen und warum immer auf „Durchzug" geschaltet, wenn du nicht der gleichen Meinung warst wie sie? Vielleicht hast du einfach deshalb das Interesse an ihr verloren, weil du dein „altes Leben" vermisst. Ich sag dir eins mein Freund: Es wird Zeit, dass du dich änderst. Immer nur auf der Partywelle, das kann schon mal gar nix. Frauen finden das zwar auf den ersten Moment toll, aber in Wirklichkeit suchen sie Wärme und Geborgenheit. Das Prinzip wird lauten: Kuscheltiger statt Partylöwe.

Kapitel 7

<u>Haushaltsprobleme:</u>

Oh ja, die Missverständnisse der Liebe, aber sie entfalten nicht gerade diese unsere innersten Triebe? Habt ihr schon einmal darüber nachgedacht, dass wir Männer einfache Anleitungen brauchen um euch glücklich zu machen und um diverse kleine Streitigkeiten auszuräumen? Wahrscheinlich hast du schon einmal einen Mann gesehen, der immer und immer wieder bei der gleichen Sache den Kopf verliert. Aber merkst du dann nicht, wie sich dein Herz in das rechte Eck rückt und eventuell dadurch der berühmte Ruck durch dein Herz geht? Wenn sich deine Augen voll Verwunderung in funkelnde Diamanten verwandeln und du auf einmal weißt, was du an ihm hast? Du kannst es vielleicht nicht beschreiben, aber genau das ist der Zauber der Liebe, der leider nur allzu oft durch diverse Kleinigkeiten verklärt wird. Nehmen wir mal ein paar berühmte Beispiele, die mich immer wieder zum Lachen bringen, wenn mich meine Artgenossen nach meiner Meinung fragen.

<u>7.1 Der Fußboden:</u>
(Kehren ist zwar fein, doch ist er damit klinisch rein?)

Wie kann es sein, dass ein Mann es einfach nicht sieht? All den Dreck den er hinterlässt, wenn er z.B. nach einem „verregneten" Tag in die Wohnung kommt und es nicht schafft sich die Schuhe abzuputzen. Oder noch schlimmer, diese nicht einmal in die Ecke stellt, sondern in Erwartung deiner „Funkelaugen" in die Küche stürmt nur um keine Zeit zu verlieren um dich in seine Arme zu schließen. Wie ist deine Reaktion? Sicher, im ersten Moment bist du begeistert, aber nach den berühmten 7 Sekunden (in denen das Wiedersehen mehr zählt als all die Probleme auf dieser Welt) wirst du bemerken, dass er mit seinen Schuhen den Boden, den du „zufällig" heute Nachmittag geschrubbt hast, schon wieder verunstaltet hat. Blitzschnell werden sich also diese Momente der Freude in eine „trübere" Stimmung umwandeln. Wir meinen es doch nur gut, wir denken einfach nicht weiter. Wir sind leider so geradlinig, dass wir es nicht verstehen können. Denn woher sollten wir auch wissen, dass du den ganzen Tag damit zugebracht hast es uns passend zu machen? Für uns zählt in dieser Situation nur der Moment in dem wir dich in den Armen halten können. Ja er zählt sogar so sehr, dass wir diese 7 Sekunden ausnutzen und sie noch verlängern wollen. Aber du lässt uns keine Chance. Du räumst unsere Leidenschaft einfach weg. Aber für uns ist das kein Problem, wir erwarten deinen Gegenschlag. Wir werden dich verstehen und dir versprechen es nie mehr wieder zu tun. Weil wir ja so simpel sind. Sei dir aber dessen bewusst, dass es ein Charakterzug von uns ist, in diesem Moment auf „Durchzug" zu schalten. Was wiederum bedeutet, dass wir in 2 Wochen wieder alles vergessen haben werden. Es gilt also nach einer Lösung zu suchen mit der wir beide glücklich werden. Und jetzt bitte nicht lachen, kleine Schilder könnten hier hilfreich sein und wenn er sie nur abnimmt und den Grund dafür wissen will, hast du schon gewonnen. Nimm ihn einfach in den Arm und der Abend wird genial.

@Männer: Erschreckend, oder? Wir sind einfach so wie Hundebabys, recht lieb und nett und sehr adrettm aber man muss uns leider immer erziehen. Vielleicht würde es einfach einmal Sinn machen der Frau unseres Herzens zuzuhören und an ihren Argumenten Gefallen zu finden. Wir haben doch wirklich nichts davon, wenn wir wieder und wieder auf die gleiche Sache angesprochen werden. Warum schaffen wir es im Beruf unseren „Job" gut zu erledigen, aber im Haushalt mit der Frau an unserer Seite suchen unsere Gedanken umgehend das Weite. Deswegen würde ich einmal sagen, etwas Konzentration meine Herren, die Mädels werden es euch danken, wenn ihr nicht immer die gleichen Fehler begeht. Entwickelt euch weiter, dann habt ihr die Chance auf mehr.

<u>7.2 Gläser, Abwasch und noch mehr:</u>
(Warum muss ich immer alles verräumen, ich würde doch viel lieber mit dir träumen)

Ihr verbringt den Abend mit eurem Liebsten. Ein toller DVD-Abend neigt sich dem Ende. Die Flasche Rotwein hat den Abend auch nicht überlebt. Neben all den romantischen Teelichtern die wir extra für dich bei einem schwedischen Möbelhaus besorgt haben stehen sie also, die leeren Gläser neben einem Hauch von Romantik der auch schon spürbar wird. Während wir Männer also die Situation sofort „durchschauen" und uns auf diverse Bettaktivitäten einstellen, wirst du zu unserer Verwunderung nach den Gläsern sehen. Danach werden deine Augen sich uns zuwenden und du wirst versuchen mit einem Kuss alles zu sagen. Wir Männer denken also sofort an den sich anbahnenden „Gender-Traffic", aber du, du meinst doch etwas anderes, oder? Nicht dass du etwas gegen Zärtlichkeit einzuwenden hättest, aber deine Gedanken kreisen um die leeren Gläser und den etwas befleckten Tisch, den ihr ja von Mama zum Einzug bekommen habt. Also was sollen wir tun? Warum begreifen wir einfach nicht, dass ihr es gerne hättet, wenn wir von selbst erkennen würden was noch alles zu tun wäre? Es wäre doch so schön, wenn wir die Rolle einmal umdrehen könnten und es euch recht machen könnten. Hier tritt wahrlich wieder einmal unsere Unfähigkeit im Privatleben zutage. Wir sind keine Einzelgänger, wir sind geboren um gemeinsam mit euch durch das Leben zu gehen. Sicher habt ihr schon einmal die Single Wohnung eines Mannes betreten. Was habt ihr dort gefunden? Einen leeren Kühlschrank, viele ausgetrunkene Weinflaschen und sicher auch die Droge des Mannes, seine Biervorräte. Wenn ihr eure Mutter in diesem Moment zu euch holen würdet, es würde sie der „Schlag" treffen. Wie „Mann" in so einer Wohnung überhaupt leben kann ohne gesundheitliche Probleme zu bekommen wird euch immer ein Rätsel bleiben. Die Chancen mit euch danach eine Beziehung oder Ähnliches aufzubauen, wenn ihr nicht gerade betrunken seid (aber wann führen Alkoholische Geschichten schon zu einem „Beziehungs- Happy end"?) sind eher schlecht. Dennoch, vielleicht werdet ihr euch dieses „armen" Mannes annehmen und versuchen, ihn auf den Pfad der Tugend (Reinlichkeit) zu führen. Aber genau da liegt das Problem: Was „Jungspunde" schon nicht verstehen wollten, wird erwachsenen Männern nur schwer auszutreiben sein. Was du hier brauchst ist Geduld, Ausdauer und sehr gute Nerven.

@Männer: Um es euch einmal klarzumachen: Es ist nicht sinnvoll eine Frau in eure Wohnung mitzunehmen, wenn das Eigenheim nicht einigermaßen herzeigbar ist. Habt ihr also am Vorabend eine „Texas Holdem All in Strip Poker Party" veranstaltet und die Sünden der Nacht noch nicht entfernt wäre es anzuraten die holde Maid eher nicht mit nach Hause zu nehmen. Der erste Eindruck könnte entscheidend auf sie wirken und euch Jahre voller skeptischer Blicke in Bezug auf Hausarbeit einbringen. Also lieber 2-mal überlegen, vorher noch einmal die Wohnung kontrollieren und diverse Dinge wie gebrauchte Kondome, leere Flaschen usw.entfernen. Vor allem aber rentiert es sich den Mülleimer zu leeren. Nicht dass sie deinen Müll durchsuchen wollte, nein, sie wird Dinge finden die wegzuwerfen sind und wenn dann der Mistkübel nicht leer ist, tja dann mein Freund, mal es dir einfach aus.... Muss ich deutlicher werden?

<u>7.3 Die Wäsche:</u>
(Die Wäsche hängt so gern allein, warum muss sie in den Kleiderkasten rein?)

Ist doch etwas Faszinierendes, sie hilft uns elegant gekleidet zu sein und vermittelt einem das Gefühl von saftig weichem Blumenduft, oder aber einer frischen Meeresbrise ;-). Leider haben wir Männer aber andere Ansichten zum Thema Wäsche. Klar, die Unterwäsche ist schon ein Heiligtum, aber mittlerweile hat es sich auch schon in den tiefsten Winkel der Zivilisation herumgesprochen, dass diese des Öfteren zu wechseln ist. Kein Thema! Aber wir Männer machen es uns auch hier sehr gerne bequem. Warum muss man all die Wäsche bügeln? Sie hängt doch passend auf dem Kleiderständer und es spart außerdem Zeit, denn wenn man seine Lieblingsklamotten sucht, braucht man sich nur an den Wäscheständer wenden und schon findet man das gesuchte Objekt. Praktisch eigentlich. Aber bei euch Frauen muss alles seine Ordnung haben. Wir wissen schon, dass es sich eigentlich gehört die Wäsche feinsäuberlich in den Kasten zu legen. Was uns ja Mama schon damals mit mäßigem Erfolg beibrachte, und ja, wir vernehmen noch immer ihre Worte:

„Wenn du die Wäsche nicht aufhängst, wirst nie eine anständige Freundin finden"

Doch belastet uns das? Eigentlich nicht. Solange wir unserem Singledasein frönen können, ist es schön einfach so zu leben. Und wenn dann eine Frau in unser Leben tritt, halten wir den „Ordnungsschritt" mit ihr nicht mit. Frauen kommen in unser Leben und verändern es radikal. Lagen vorher noch gebrauchte T-Shirts in unserem Bett, finden wir heute „Bert" den „Kuschelelch", oder "Robby" die "Einschlafrobbe" passend zwischen den Polstern platziert. Wo damals noch der Wäscheständer stand, bei dem wir mit einem Blick erkennen konnten, ob noch etwas Brauchbares zum Anziehen vorhanden ist, erkennen wir nun die Wasserflecken auf dem Fliesenboden, der ja auch schon längst wieder einmal gewischt gehört. Im Alibert, wo wir vorher unsere Kondomvorräte spritzsicher lagerten finden wir nun allerlei Make-up, Bräunungs- & Feuchtigkeitscremen. Dass wir den Namen der einzelnen Produkte nicht kennen, ja geschweige denn nicht entziffern können stellt sich ja nun nicht mal so als Problem dar. Es macht uns aber Sorgen, dass wir es nicht mehr schaffen innerhalb von 5 Minuten aus dem Bett zu steigen, in die Dusche zu hüpfen, das Fenster für die Durchlüftung (Anti-Schimmelvorkehrung) zu öffnen und in Windeseile etwas torkelnd ins Auto zu hüpfen um der Arbeit nachzugehen, ist für uns etwas seltsam. Mit deinem Einzug hat sich all das verändert. Wir wissen jetzt, dass es schön ist, wenn wir gemeinsam mit euch aufstehen und diesen Moment der Zweisamkeit nutzen können, das Frühstück zuzubereiten (während du im Bad deinen Tätigkeiten nachgehst) und dies gemeinsam mit dir verspeisen können. Auch wird der Weg zum Auto nicht mehr gelaufen, wie auch, wenn wir mit Müll bewaffnet uns erst einmal an den Weg zum Altpapier-, Glas- & Biocontainer erinnern müssen. Ein Blick von dir hat da schon genügt um zu wissen was Sache ist.

Auf dem Weg zur Firma beschäftigt uns die Frage, was es mit dem neuen Platz der Fernbedienung auf sich hat. Warum liegt sie nicht mehr auf dem Sofa, sondern immer schön neben dem TV?

Etwas übertrieben, oder ? Nein, eigentlich nicht. Es wäre schön, wenn wir all das, was in den Zeilen vorher beschrieben wurde, in die Tat umsetzen würden, aber so einfach ist es leider nicht. Wir können unsere Gewohnheiten nur schwer ändern und es ist ein langer, schwieriger und steiniger Weg aus einem bekennenden Single einen perfekten Hausmann zu machen. Aber wir können es versuchen, ja wir wollen es sogar.

@Männer: Soda Jungs, die letzten Zeilen waren hart für euch, aber genau das ist, wovon fast jede Frau träumt. Sie wünschen es sich, dass wir annähernd so durch den Alltag, oder besser durch den Morgen gehen. Es ist also kein Fehler schon einmal zu wissen, was auf einen zukommt. Beginnt doch einmal mit Kleinigkeiten. Es ist wirklich ein Unterschied, ob die Wäsche 1 oder 5 Tage im Bad hängt. Allein der Duft aus eurem Kleiderschrank sollte euch schon umhauen. „Mann" muss auch nicht warten bis der Mistkübel getreten voll ist. Hier gilt wieder: Weniger ist mehr! Einfach des Öfteren zum Müllcontainer gehen, dann habt ihr und die Wohnung kein Problem. Vor dem Wochenende sollte sowieso eine Art von Grundreinigung vollzogen werden, denn wer weiß, vielleicht kommt ihr heute Nacht ja nicht allein nach Haus, oder anders formuliert, vielleicht habt ihr ja das Glück und könnt den morgigen Abend mit einer Frau gemeinsam verbringen. Würde es euch da nicht stören, wenn ihr vorher noch die Wohnung einem „Osterputz" unterziehen müsstet ;-)?. Also nachdenken und die Geschicke selber lenken.

Kapitel 8
Männer & die Ringe

Es ist wohl kein Geheimnis, wenn man sagt, dass in einer fixen Beziehung irgendwann einmal der Gedanke aufkommt den nächsten Schritt zu wagen. Verständlicherweise sehnen wir uns alle bis zu einem gewissen Grad nach Sicherheit und Zukunftsplänen um unsere Lebensplanung zu verwirklichen, bzw. diese in die Tat umzusetzen. Frauen träumen doch auch in Zeiten der Emanzipation noch immer vom strahlenden Held, der eines Tages vor ihnen stehen wird und alles zum Guten wendet. Auch der Traum in Weiß ist wohl für jedes kleine Mädchen eine Doktrin, welche ihr schon in frühester Kindheit eingetrichtert wird. Ist es in der heutigen Zeit aber überhaupt notwendig, sich auf so etwas einzulassen? Bringt es etwas, sich über die Zukunft Gedanken zu machen? Oder ist es einfach nur besser den Moment zu genießen um zu sehen was passiert? Männer sind der Ansicht, dass ihr Leben einen gewissen Aktionsradius haben muss und reagieren immer wieder sehr zurückhaltend, wenn es um die Ehe und mögliche Zukunftspläne geht.

8.1 Wann ist es denn soweit?
(Wann werden denn die Nägel mit Köpfen gemacht, oder hab ich „nen" Verdacht?)

Ja mittlerweile habt ihr es geschafft eine schöne Zeit miteinander verbracht, vielleicht schon den einen oder anderen Urlaub erlebt und so manche Krise überstanden. In dir regt sich nun irgendwie das Verlangen nach einer Fixierung eurer Verbindung. Vielleicht hat das auch mit dem Klassentreffen zu tun, auf dem du letzten Monat warst und feststellen musstest, dass viele deiner Schulfreundinnen schon den Bund fürs Leben geschlossen haben. Aber der Mann an deiner Seite will einfach nicht den nächsten Schritt tun. Wäre es angebracht ihm Hinweise zu geben, auf die er reagieren kann? Nunja, für uns Männer ist es nicht so einfach diese Signale zu sehen, denn wir haben schon seit Urzeiten irgendwie nicht das Verlangen (was klarerweise genetisch bedingt ist) uns dem Bund eines gemeinsamen Lebens hinzugeben. Wozu auch? Leider ist es unter Männern so, dass derjenige der das Wort Ehe in den Mund nimmt von seinen Freunden milde belächelt wird. Auch die Zeit in der wir leben fördert das „Versprechen" nicht wirklich. Was uns aber nicht davon abhält den richtigen Schritt zu tun wenn wir es für richtig empfinden. Du darfst uns aber nicht dazu zwingen, wir werden ansonsten in die andere Richtung gehen und dem Ende der Beziehung entgegensteuern. Wichtiger wäre einfach zu verstehen, warum wir uns so dagegen wehren. Für uns bedeutet Ehe eine Art von Verpflichtung, die wir uns sehr genau überlegen. Und woher willst du eigentlich genau wissen, dass wir uns nicht schon lange Gedanken über „unsere" Beziehung machen? Vielleicht fehlt uns einfach das „Klicken" im Gehirn. Aber ich möchte dich doch bitten diesen Moment abzuwarten und uns nicht zu bedrängen. Wir müssen das Gefühl haben, dass es unsere Entscheidung war euch zu fragen. Wo und wann das passieren wird, tja, das steht noch im Raum. Aber ein romantischer

Ausflug nach Venedig könnte schon den Umschwung bringen. Wenn er sich dann noch mit dir gemeinsam jedes Schmuckgeschäft (und deren gibt es viele) ansieht, könnt ihr davon ausgehen das es nicht mehr allzu lange dauern wird. Wichtig ist auch noch die Familie nicht einzubeziehen. Vor allem Omas sind hier sehr gefährlich da sie es ja kaum erwarten können Enkelkinder zu bekommen oder zu sehen wie die „Enkelin" in Weiß vor den Altar tritt und damit in eine neue Phase ihres Leben eintritt.

@Männer: Jedem von uns steht so etwas bevor, wenn er sich am richtigen (hetero) Ufer aufhält. Wenn ihr also mit eurer Freundin schon etwas länger zusammen seid und öfters auf Hochzeiten eingeladen werdet, dann seid euch darüber im Klaren, dass es in der Natur der Sache liegt, dass die Pärchen immer mehr zu Eheleuten werden. Gibt es am Anfang ein Gedränge darum wer den Brautstrauß werfen darf, werden sich die Reihen der Frauen immer weiter lichten. Und wenn man dann auch noch der Partner der Glücklichen ist, die diesen Strauß voller Schönheit fängt, kann man sich schon langsam auf die Suche nach den richtigen Ringen machen, es gibt kein zurück. Aber seien wir uns ehrlich, wenn ihr euch mit ihr nichts vorstellen könntet, warum seid ihr dann schon seit einer geraumen Zeit zusammen? Ist es nicht an der Zeit endlich Nägel mit Köpfen zu machen und eure Beziehung in ein neues Licht zu stellen? Wenn ihr euch nicht sicher seid, dann verbringt doch ein paar Tage beim Camping mit Freunden, vermisst ihr sie? Ihre Nähe und all das was SIE ausmacht? Dann sollte eigentlich alles klar sein. Und um es nicht ganz so schlimm aussehen zu

lassen. In einer Ehe ist jeder gleichberechtigter Part-
ner, ein Partner dem man vertrauen kann und mit
dem man sich etwas gemeinsam aufbauen kann.
Wenn sie in diesen Plan passt, dann zögere nicht
lange, nimm sie mit nach Venedig und gib dir die
„Ringtour"

8.2 Kinder & mehr
(Reicht uns unser Leben zu 2. oder sind wir zu
weiterem bereit?)

Dir sind sicher schon einmal die Mütter mir ihren Kinderwägen aufgefallen die im Park ihre Bahnen ziehen. Oder aber auch im Supermarkt, wenn der kleine „Mensch" in dem Einkaufswagen sitzt und voller Leidenschaft sein Blatt Gratiswurst verschlingt. Seid ihr Onkel/Tante oder habt ihr schon einmal auf die Kinder eurer Freunde / Geschwister usw… aufgepasst? Ist doch eigentlich schön, wenn sich so ein kleiner Recke durch die Wohnung schummelt. Sicher eine Aufgabe ist es allemal. Aber in dir wird der Wunsch wachsen auch einmal so ein Kind mit deinem Partner in die Welt zu setzen. Aber will er das? Passen wir überhaupt zusammen und haben wir eine gemeinsame Zukunft?. Sich darüber den Kopf zu zerbrechen kannst du dir sparen, WIRKLICH !!!!
Kinder sind das Schönste auf dieser Welt. Was gibt es schöneres, als in Kinderaugen zu sehen, die so rein, so fern von jeder Schuld, einfach ehrlich dein geschundenes vom Leben gezeichnetes Gesicht ansehen, dir durch deinen eventuell vom „Waldsterben" (Haarausfall) bedrohten Kopf fahren

und nicht verstehen warum du diese dicken Dinger (Brillen) in deinem Gesicht trägst.

Allein das Aufwachsen der Kleinen zu beobachten macht schon irrsinnigen Spaß. Klar, auch ist es mit viel Hingabe und Aufwand verbunden, aber so dürft ihr das nicht sehen. Ein Kind wird dein Leben grundsätzlich verändern, in 99,99% der Fälle zum Positiven. Denn was ist all das Geld auf dieser Welt, wenn ihr am Ende eures Lebens den Abend damit zubringt alleine am wärmenden Feuer zu sitzen. Kinder sind alles, sie sind die Erfüllung. Wenn du also aufgrund deiner Karriere auf Kinder verzichtest, dann sei dir darüber im Klaren, dass du diesen Moment eventuell bereuen wirst. Ich will dir hier keine Erziehungstipps für deinen Nachwuchs geben. Leider fällt mir immer wieder auf, dass Kinder in unserer Gesellschaft des Öfteren als ein Übel dargestellt werden. Seht die positiven Seiten und genießt die Zeit mit ihnen. Denkt daran, sie geben eure Gene weiter und eure biologische Uhr tickt immer weiter. Wenn ihr also den Mann fürs Leben gefunden habt, zögert nicht und „fordert" umgehend Nachwuchs an.

@Männer: Auch für euch gilt selbiges. Es ist nicht immer alles Gold was glänzt. Wehrt euch nicht gegen Kinder! Denkt einfach an die positiven Momente die ihr mit ihnen erleben könnt. Weihnachten und Geburtstage sind hier nur ein Randthema. Ich bitte euch inständigst mit eurer Frau/Freundin zu reden und für Kinder zu sein. Es gibt nur wenige Gründe die gegen Kinder sprechen, Gründe dafür gibt es hundertfach mehr. Es soll ja so etwas wie ungewollte Schwangerschaften geben, sicher, aber wann ist eine Schwangerschaft ungewollt (Verge-

waltigungen ausgenommen)? Im Normalfall ist einfach einer der Partner (DU) zu sehr am körperlichen interessiert, dass er alle Vorsicht außer Acht lässt. Wenn das so sein sollte, dann steht zu eurer Verantwortung! Hätten eure Eltern auch nur die Selbstverwirklichung gesucht, wo wärt ihr denn dann?

Kapitel 9

Welche Männertypen beherbergt die Welt

Männer, es gibt sie überall, ja sie sind wie Sand am Meer, alles mögliche kreucht und fleucht hier rum. Aber welcher Typ passt zu dir? Welcher Mann ist der richtige in deinem Leben? Denken Männer wirklich anders als Frauen? Sind sie wirklich nur an einem interessiert?

Ich bin der Ansicht, dass dies nicht so wirklich stimmt. Klar haben Männer ihre Eigenheiten, aber sie lassen sich auch in gewisse Grundkategorien unterteilen. Klarerweise ist kein Mann genau der Typ X, dennoch wirst du feststellen, dass du im Laufe der Jahre sicher schon einige Grundtypen kennen gelernt hast.

9.1 Der Couchpotato

(Zuhause find ich es ganz fein, da stört mich niemand in meinem Kämmerlein)

Ein Mann wie man ihn nur selten sieht. Leider ist er an den wichtigen Stellen etwas ausgebeult und seine Augen werden sich nicht an Frauen aufrichten. Würden sie das tun, würde er sich verändern. Der Couchpotato ist einer jener Männer der sein Leben nach dem Internet und dem TV ausrichtet. Er kennt jedes Onlinespiel, hat mindestens 5 Emailadressen und ist immer up to date, was das Leben innerhalb (WR: innerhalb?) seines Kosmos, bzw. im Internet betrifft. Du wirst ihn also selten draußen antreffen. Im Supermarkt wirst du ihn daran erkennen, dass er

Wurstsemmeln, Chips und vor allem Bier in seinem Einkaufswagen hat. Klar, hin und wieder wird sich auch etwas Gesundes finden, aber nur dann, wenn ein Freund zufällig bei ihm vorbeikommt.

Das wirklich Schlimme aber an diesem Menschen ist, dass er zwar in seiner virtuellen Welt der Superhero oder der Held in schimmernder Rüstung ist, jedoch draußen, in der realen Welt nur eine Nummer unter vielen ist. Er wird sich nicht dafür interessieren, was in diesem Leben „Wichtiges" passiert, sondern wird immer mit der Welle mitschwimmen.

Stell dir einfach ein Schiff vor. Es gibt einen Kapitän, es gibt einen Steuermann und es gibt die Mannschaft, die sich auch wieder unterteilt. Er ist der, der mit dem Deckschrubben genug hat, der seine Meinung immer hinten anstellt und alles tut um nicht aufzufallen. Egal ob die vorgegebene Meinung der seinen entspricht. Er wird nicht aufstehen sondern alles und jeden akzeptieren. Klar muss man aber auch erwähnen, dass Männer im Laufe der Zeit Gefahr laufen zu diesen Männern zu mutieren. Sie sind weder zielorientiert, noch aufnahmefähig.

Er hat aber auch seine guten Seiten. So wirst du, wenn du mit ihm zusammen bist wohl immer deine Meinung in die Tat umsetzen müssen. Und da genau liegt das Problem, willst du ihn wirklich immer und immer wieder von der Couch aufscheuchen? Wäre es nicht besser, wenn er endlich mal in die Gänge kommen würde und sich seiner Pflichten und Aufgaben bewusst wäre? Die Chance von diesem Mann betrogen zu werden ist gleich null. Woher soll er denn die Frauen kennen lernen mit denen er Affären oder andere Dinge erlebt. Wohl nur aus dem im Internet, aber er wird nicht die Kraft haben sich mit dieser

Frau zu treffen, geschweige denn sie zu überzeugen mit ihm andere Aktivitäten anzufangen. Außer du bist selbst eine Frau die sich genau so etwas wünscht. Dann wirst du wohl mit ihm das Glück deines Lebens finden. Stelle dich aber darauf ein, dass du die Entscheidungen triffst und er den ganzen Tag vor dem PC oder dem geliebten Gerät auch Glotze genannt hängt. Wie du sein Herz erobern kannst, stellt für dich als Frau wirklich kein Problem dar. Wenn du ihn zufällig auf der Stiege triffst brauchst du ihn nur ansprechen und zu einem Kaffee einladen. Er wird sich zwar schüchtern abwenden, aber warum nicht, wenn du am Ball bleibst, sollte das kein Problem mehr sein. Augen zu und durch.

Mein Tipp:
Mit diesem Mann wirst du nicht wirklich viel erleben. Er ist mehr der Typ, der nach einem Heimchen am Herd sucht. Wenn du das so willst, dann bist du bei ihm genau richtig. Keine besonderen Höhen und Tiefen, aber auch keine Probleme mit anderen Frauen. Pass nur auf, dass du dich in den Jahren der Zweisamkeit nicht seinem seinem Aussehen annäherst?).

9.2 Der Machotyp
(Ich bin zu schön für diese Welt und protze gleich mit meinem Geld)

Er ist ein so genannter Schönling, der immer gut gekleidet ist und mit seinem Geld, ob vorhanden oder nicht, in der Weltgeschichte herumtingelt. Es ist egal, wer oder was er ist, er ist ein Selbstdarsteller, der nicht nur auf schöne Kleidung achtet, sondern auch nur seinesgleichen um ihn herum duldet. Ein Mensch, der in einer „schönen" Welt zu leben glaubt und sich über Dinge unterhält die am „normalen" Leben leider vorbeigehen. Er liebt schnelle Autos, schöne Frauen und vor allem das schnelle Geld.

Er muss nicht immer auch vermögend sein, aber er wäre es schon gerne. Typische Berufe für ihn sind z.b. Makler, Vermögensberater oder Aktienheinis, die sich immer wieder mit dem Geld der anderen das Leben leichter machen.

Das Ansehen ist für ihn von großem Wert und er wird alles tun um sich selbst gut aussehen zu lassen. Das sind Männer, die von Geburt an in eine Rolle gedrängt werden. Meistens entsprechen sie der „von Beruf Sohn"-Rasse die sich schon von ihrer frühestens Kindheit an mit dem einen beschäftigen: Geld, Geld, und nochmals Geld.

Wenn du also als Frau nicht wirklich in sein Schema passt, wirst du es schwer haben seine Aufmerksamkeit zu erobern, außer du hast etwas was ihn interresiert.

Anzutreffen ist diese Gattung Mann in Lokalen und Pubs die derzeit „in" sind. Dort wird er dann meistens etwas Exklusives bestellen. Nehmen wir einmal den Cafe Latte her, der in seiner Zubereitung ziemlich der Melange ähnelt. Was wird er trinken, den Melange oder den Cafe Latte? Genauso wird er sich nicht herabbegeben eine Zigarette zu rauchen, wenn er Zigarillos haben kann. Das sind alles Dinge, die sich auch ein „normaler" Mann leisten kann, aber die schon den kleinen Unterschied ausmachen. Er wird immer versuchen eine Klasse besser zu sein, als derjenige, der mit ihm am Tisch sitzt. Keine nette Art, aber immerhin seine Einstellung zum Leben.

Dieser Mann ist gefährlich, weil er dich sehr leicht blenden kann und dieses auch tun wird, wenn du in sein Beuteschema passt. Du musst ihn nicht ansprechen, er wird von sich aus die Initiative übernehmen und sich zu dir gesellen, wenn du ihm nur hin und wieder Blicke zuwirfst. Vergiss aber niemals, dass du entscheidest, wie weit du mit diesem Mann gehen kannst. Wenn du dein Herz an so einen Mann verlierst musst du auch bereit sein die Konsequenzen zu tragen. Es steht dir ein Leben himmelhochjauchzend und zu Tode betrübt bevor.

Läufig wie ein Wüstenhund (ein von Gender-Traffic getriebener Mann) wird es ihm nie zu bunt um Frauen zu begaffen, und hin und wieder macht er sich selbst zum Affen.

Mein Tipp zu diesem Mann:
Wenn du dich seelisch bereit fühlst kannst du es quasi angehen. Sei darauf gefasst, dass du immer die Schönheit vom Lande sein musst und dir quasi keinen Fehler erlauben darfst. Solltest du aber in der Position sein, nicht mehr arbeiten zu müssen, ist es natürlich ein leichtes, ihn an dich zu ketten. Vergiss dabei nie, die Welt der Schönheit und des Reichtums ist toll, aber das was wirklich zählt, ist das Herz und das muss einfach stimmen.

9.3 Das Muttersöhnchen
(Mama sagt mir wie es geht und wie man mir den Kopf verdreht)

Die Mama ist die bestimmende Person in seinem Leben. Das, was sie sagt ist Gesetz und darüber wird nicht diskutiert. Wie solch ein Typ bis dato überhaupt eine Freundin haben konnte ist mir schleierhaft. Sollte dies aber schon passiert sein, kannst du mit Sicherheit davon ausgehen, dass es sich um ein Spiegelbild seiner Mutter in früheren Jahren handelt. Auch seine Mutter wird immer danach trachten für ihren Jungen eine ordentliche Schwiegertochter zu finden. Sein Leben spielt sich im Kreise seiner Familie ab mit allen Höhen und Tiefen. Sonntags Kaffee & Kuchen oder eine Beratung bei der Einrichtung seiner Wohnung durch die Mutter sind normal und sollten nicht hinterfragt werden. Er wird bei Entscheidungen auch immer auf seine Mutter zurückgreifen, die ihm immer wieder Tipps und Tricks geben wird. Anzutreffen ist er überall und nirgends, meistens ausgestattet mit einem vollen Einkaufswagen. Hin und wieder wird er auch mit einer älteren Dame gesichtet, die ihn vor sich hertreibt. Um ihn zu erkennen genügt es, wenn du dich in der Nähe aufhältst und dir die Umgangsformen der beiden miteinander ansiehst. Wenn sie bestimmt und er macht, dann ist das ein klares Zeichen dafür. Auch ist sein Outfit nicht gerade „hipp", eher mehr der „old style". Getreu dem Motto, das was Mama gefällt, das wird getragen, ohne wenn & aber.

Beruflich kann man ihn schwer einordnen. Der viel zitierte Spruch, „Hinter jedem erfolgreiche Mann steht eine Frau" trifft hier direkt ins Schwarze. Sollte dies alles dein Interesse geweckt haben, dann bitte sprich ihn an, denke aber immer daran, dass du nicht nur ihm sondern auch der Mutter gefallen solltest. Der Weg führt also über das Herz der Mutter. Ein einfaches Gespräch, oder eine Frage nach einem Produkt sollte schon genügen, um ihre Aufmerksamkeit an dir zu wecken. Dann sollte es nicht mehr lange dauern, bis er seine Augen für dich öffnet.

Mein Tipp:
Leider sind diese Männer in ihrer Naivität zu blind um festzustellen, dass sie eigentlich mit dir ihr Leben verbringen sollten. Lass dich nicht täuschen, er wird zwar alles für dich tun, aber erst dann, wenn du es schaffst, ihn von seiner Mutter loszueisen.
So sehr es dich auch nerven wird, du musst lernen damit zu leben. Die Mama wird immer im Mittelpunkt stehen, du musst dich mit ihr arrangieren oder die Beziehung ist zum Scheitern verurteilt. Deine Kinder werden Namen tragen die ihr im Familienrat (inklusive Mutter) entscheidet.

<u>9.4 Der Sportliche</u>
*(Ich will meinen Körper spüren und meine Muskeln
zu Tränen rühren)*

Kraft , Athletik , Ausdauer ? Der sportliche Typ,
kennt seinen Körper bis ins Detail, oder doch nicht?
Ein Mann der sein Leben dem Sport gewidmet hat,
kann schon mal ziemlich gegen die Tür gelaufen
sein, wie wir immer sagen. In Zeiten wie diesen, wo
es schon was ausmacht, wie man sich selbst vor den
anderen präsentiert, ist er aber garantiert der Blick-
fang unter den Männertypen. Problem dabei ist nur,
dass er eventuell seinen Sport mehr liebt als dich.
Auch das Wesen dieses Mannes ist von Sportgeräten,
allerlei Mittelchen geprägt und mehr. Für ihn ist ein
Tag ohne Sport gleichbedeutend mit Selbstmord. Es
muss schon viel passieren, dass er seine Vorliebe
zum Sport mit der Liebe zu dir teilt, oder gar
wechselt. Generell ist aber zu sagen, dass er keiner
dieser Bierbauchtypen ist. Er hat ein fundiertes
Sportwissen, der doppelt gedrehte Muskelbrenner ist
ihm genauso ein Begriff wie der einfach gezogene
Hantelstreich. Was das auch immer bedeuten mag,
wird er dir sicher bei einem romantischen „Kraft-
dinner" mitteilen, wenn ihr beide nach dem Laufen
oder dem Training einen genüsslichen Cocktail
(Isostar) zu euch nehmt.

Um ihn zu erkennen, braucht du nur die Laufwege
deiner Stadt erkunden, oder dich ins nächste Fitnesscenter begeben. Dort wirst du ihn treffen,
schwitzend und nur daran interessiert seinen Körper
weiter zu stählen. Du machst dich interessant, wenn
du mit ihm trainierst, oder ihn nach der Funktionali-

tät der Geräte ausquetscht. Auch wird es ihn nicht stören, wenn du deinen Körper in sportliche Ekstase bringst. Erst dann wird er dich wirklich ernst nehmen und dich als ganze Frau sehen, die es wert ist begehrt zu werden.

Mein Tipp:
Männer von diesem Schlag sind anders. Entweder sie haben das Fitnesscenter als Ort der Kontaktaufnahme gewählt oder aber sie machen das wirklich alles für sich selbst. Generell kannst du davon ausgehen, dass er gesund ist und sich den körperlichen Belastungen stellen wird. Die Frage seines Intellektes, die will ich hier nicht diskutieren, weil es doch Männer gibt, die immer nur das eine im Kopf haben. Es gibt aber auch jene die Sport wirklich nur als Ausgleich betreiben. Wenn du mit ihm etwas erleben willst, dann versuch es, es gibt schlimmeres.

(Immer in einer anderen Welt ohne Ruhm und ohne Geld)

Immer durch den Wind und in Gedanken beim himmlischen Kind. Meistens mit einer Brille bewaffnet und seinem etwas seltsamen Äußeren findest du ihn in so genannten Künstlertreffs. Er hat nicht viele Freunde und dementsprechend auch nicht wirklich viel Erfahrung was den Umgang mit Frauen angeht. Sein Leben richtet sich nicht nach dem besagten Rubel sondern mehr nach dem Gedanken an jenen. Er braucht das Geld nicht um glücklich zu sein. Auf Auftreten legt er keinen Wert. Meistens ist sein Blick nach unten gewandt, man könnte sogar glauben, er zählt immer die Fliesen am Boden. Dennoch hat er seine Träume und seine Gedanken, die er möglichst in die Tat umsetzt. Handwerklich wird er nicht wirklich gewandt sein.

Meistens ist er ein Mann der mehr in einer Welt seiner Gedanken und Träume lebt als perfekt durchtrainiert durch das Leben geht, fernab von den Einflüssen die uns Hollywood in Filmen näher bringt, lebt er sein Leben auf der „geistigen" Ebene.

Auch das Thema Frauen interressiert ihn nur bedingt. Ihm geht eine gepflegte Diskussion über alles. Das Thema ist dabei mehr als egal, es sollte sich nur in einer höheren Sphäre abspielen. Um diesen Mann zu erobern solltest du klarerweise wieder mit deinen Reizen nicht geizen, doch es gibt noch einen anderen Weg. Denn, bedenke, auch die Schönheit wird irgendwann einmal der Vergangenheit angehören und dann sollte man sich schon etwas zu sagen haben. Lass dich deshalb nur auf diesen Mann ein, wenn du dir wirklich sicher bist, dass dich seine Gedanken über den Frieden auf der Welt und welche Gedanken dieser oder jener Autor hatte nicht wirklich stören können. "Gender-Traffic" ist bei ihm im Gegensatz zu gewissen anderen Typen in den Hintergrund zu stellen.

Der große Vorteil hier: Er wird ein liebender Vater sein, wenn du es soweit kommen lassen willst.

Mein Tipp:
Bist du an guten Gesprächen und nicht nur an einem Körper aus Stahl interressiert? Bist du eine jener Frauen, die sich aus Geld nichts machen, sondern eher nach dem Sinn des Lebens suchen? Dann ist dieser Mann der Richtige für dich. Kein Prinz in schimmernder Rüstung, aber wenn du es einmal ge-schafft hast sein Interesse zu wecken wird er dir ewig treu ergeben sein.

9.6 Der Brecher

(Seh ich eine Frau alleine stehen muss ich mir sie näher ansehen)

Ein Mann, der sich vor nichts fürchtet und seine Ideen in die Tat umsetzt. Leider hat er nicht immer den Erfolg, den er sich so gerne wünschen würde. Deswegen zählt für ihn nur die Masse. Nach dem Prinzip, wenn es beim ersten Mal nicht funktioniert, wird die nächste anvisiert. Dieser Mann wurde entweder durch seine Vergangenheit zu so einem Mann oder durch Frauen, die ihm sein Herz gebrochen haben. Klarerweise ist er kein Schönling, denn wäre er das, würde er sich niemals damit zufrieden geben hin und wieder Körbe zu kassieren. Meistens ist dieser Mensch einer jener, die in ihrer Kindheit schon viel erlebt haben und sich selbst dadurch im Leben richtig positionieren mussten.

Dieser Mann wird auf dich offen zukommen und mit einem wirklich kurzen Satz versuchen deine Aufmerksamkeit zu erregen. Wenn ihm das nicht gelingt oder er nicht die gewünschte Aufmerksamkeit von dir bekommt, wirst du ihn nie mehr wiedersehen. Man könnte ihn mit einem warmen Regenschauer im Sommer vergleichen, er kommt spontan einmal vorbei und hinterlässt keine bleibenden Spuren, wenn du es nicht zulässt. Die einzige Chance, die du mit diesem Mann hast, ist ein netter Abend, aus dem einfach mehr entstehen kann. Wenn du es schaffst seine Aufmerksamkeit auf dich zu wenden wird er dir nicht mehr von der Seite weichen.

Also wird aus dem Sommerschauer eine Dauerregenzeit. Auch ist dieser "Brecher" des Öfteren die Vorhut für Männer, die sich nicht so wirklich trauen dich anzusprechen. Er kommt, klärt die Lage und versucht alles und jeden was sich in seinem Dunstkreis aufhält in seinen Bann zu ziehen. Siehst du also so jemanden, der an einem Abend mehrere Frauen anredet, dann kannst du mit ziemlicher Sicherheit davon ausgehen, dass es sich um diesen Typ Mann handelt. Die Zukunft liegt jedoch in deiner Hand und was wirklich in ihm steckt, wirst du erst bei einem weiteren Treffen kennen lernen.

Mein Tipp zu diesem Mann:
Halte dich in seiner Umgebung auf, er wird dich ansprechen. Sollte er dich noch nicht bemerkt haben, reicht ein freundliches Lächeln und er wird auf dich zukommen. Danach liegt es wie immer in deiner Hand.
Ich würde dir aber empfehlen mit ihm die Nacht zum Tag zu machen. Abfeiern und ansehen was sich danach noch so ergibt. Auch ein Kaffee am nächsten Tag kann nicht schaden. Wer weiß, vielleicht hat er ja auch eine romantische Ader die dir noch die Sinne rauben wird.

<u>9.7 Der GAK (Sport/Fußball) Fan</u>
(Mein Blut ist rot ja es ist klar, ich bin ein Fan des GAK)

Diesen Typus Mann findet man zurzeit nur sehr selten. Sein Gebiet ist ziemlich eingeschränkt, da er nur mehr in Graz und der näheren Umgebung zu bewundern ist. Klarweise ist er aber einer, der für seinen Club alles tut und sich auch nicht scheut selbst in schwierigen Zeiten Treue zu bekunden. Manche mögen dies vielleicht als blöd empfinden, aber sehen wir uns mal an, was in diesem Mann so vorgeht.

Ein geschundenes Herz, mit sportlichen und finanziellen Niederlagen seines Vereins verbunden, welches noch immer in Roter Zweisamkeit schlägt. Solltest du auch am Fußball interessiert sein, wirst du wohl keinen besseren Fan finden, der selbst in der schwersten Stunde zu DIR und zu seinem Verein steht. Eines ist sicher: Er ist keiner derjenigen die weglaufen, wenn es einmal schwierig wird. Mit ihm kannst du durch dick und dünn gehen, in guten wie in schlechten Zeiten.

Warum dieser Mann ein Fan geworden ist, könnte zum einen an seinen Eltern liegen oder einfach daran, dass es ihm darum geht, viel zu erleben. Und das kann er auf jeden Fall mit dem GAK machen. Aber um mal vom Thema GAK auf den Fußballfan über zu gehen. Warum sind Menschen oder besser Männer wirklich Fußballfans? Zum einen tun sie alles für ihren Klub, zum anderen sind es vielleicht Männer, die einfach genau dort ihre Aggressionen ausleben. Das bedeutet nicht zwangsläufig, dass sie immer radikal zuschlagen, sondern sich einfach nur den Frust von der Seele schreien. Männer und der Fußball sind so ein Thema. Eines kannst du dir aber sicher sein, wenn du mit einer Freundin ein Spiel deines Heimklubs (hoffentlich vom GAK) ansiehst, wirst du mit ziemlicher Sicherheit eine große Auswahl an Männern haben. Auch ins Gespräch kommst du relativ leicht. Kleide dich einfach nach den Farben deines Klubs, dann wird die Kontaktaufnahme nicht wirklich schwer fallen. Und wenn du keine Ahnung vom Fußball hast, dann frag einfach die Männer in deiner Umgebung. Sie werden dir mit ziemlicher Wahrscheinlichkeit aus der Patsche helfen, denn flirten ist erwünscht und erlaubt.

Mein Tipp:
Das nächste Fußballevent kommt in Riesenschritten, jederzeit und überall, es ist also an der Zeit sich etwas für Fußball zu begeistern. Und wenn du dir nur den Kampf 2er Mannschaften ansiehst, die sich das Maximum abverlangen. Denke daran, solch ein Event ist nicht nur für den normalen Fußballfan von Interesse, sondern auch für den normalen Mann von der Straße. In deiner Stadt gibt es sicher eine Videowall wo man die Spiele betrachten kann, also nix wie hin in das Stadion deiner Wahl und schon mal üben. Außerdem ist der Frauenanteil enorm hoch, denk einfach daran, Sommer, Sonne, Sonnenschein... Was könnte da wohl schöner sein?

9.8 Der Frauenversteher

*(Ich versteh ja jede Frau und kenn ihre Wünsche
ganz genau)*

Nur um das mal klarzustellen, jede Frau wünscht sich
einen Frauenflüsterer. Aber werden Männer dazu geboren, oder wer - verdammt - macht sie zu diesen
besonderen Menschentyp? Klar ist nur eines, der
Frauenversteher hat schon viel erlebt, er ist nie um
eine Antwort verlegen und wird sich auch durch dein
Schutzschild a la „ich habe einen Freund" nicht davon abbringen lassen, sich mit dir zu unterhalten. Er
ist ein Mann, wie es ihn nur selten gibt auf dieser
Welt. Er besitzt Geld bis zu einem gewissen Ausmaß,
gibt dies aber sehr gerne für unnötige Dinge aus.
Sein Wissen schöpft er aus einem Fundus an Erfahrungen, die ihm andere Frauen zugefügt haben. Er
ist schon durch die Wüste gegangen, hat den
höchsten Gipfel erklommen und hat sich schon
hundertmal falsch benommen. Aber hat ihn das um-
gebracht? Nein, es hat ihn zu dem gemacht, was er
ist. Ein durchaus realitätsbezogener Mensch, der sich
durch eine gute Allgemeinbildung auszeichnet, auf
seinen Körper achtet und keine unnötigen Risiken
eingeht. Frauenversteher sind nicht sehr einfach zu
finden. Sie ähneln mehr einer Perle unter den vielen
Muscheln (Männern), die so an den Strand des
Lebens angespült werden. Doch zurück zum Typen.
Er ist ein Mann, mit dem du über alles reden kannst.
In ihm wirst du einen Gesprächspartner finden, der
jederzeit an jedem Ort das richtige Wort findet. Wir
reden hier jedoch nicht von dem Prinz auf seinem
Pferd, der in schimmernder Rüstung antrabt und dich
rettet. Nein, wir sprechen von einem normalen

Mann, der einfach nur viel erlebt hat und den du nicht unterschätzen solltest. Allerdings ist auch Vorsicht angesagt, denn ehe du dich versiehst hast du dein Herz verloren und es wird lange dauern bis du dich von „seinem" Einfluss erholt hast. Wie du ihn erkennen kannst? Nun, er ist im Gegensatz zu den anderen Typen nicht wirklich objektiv sichtbar. Du musst ihn erleben, ihm eine Chance geben und vielleicht ist es genau der unscheinbare Mann neben dir, der genau weiß wie er mit dir umzugehen hat. Gib ihm eine Chance, er wird dich nicht enttäuschen.

Mein Tipp:
Gib jedem Mann eine Chance, der dich interessiert, es sind Kleinigkeiten, die dich an ihn binden werden. Es ist nicht das Aussehen und auch nicht das Geld, welches dein Herz wirklich glücklich macht. Es sind diese Momente der schmachtenden Blicke, die „zufälligen" Berührungen oder auch nur kleine Gesten am Morgen, die einen Mann seines Formates ausmachen. Wenn du ihn findest, steht einer Beziehung die auf einem festem Fundament aufgebaut ist nichts mehr im Wege.

<u>Wörter & Bedeutungen :</u>

Gender-Traffic =
Geschlechtsverkehr

Wüstenhund =
Junger von seinen Trieben geleiteter Mann

Waldsterben =
Haarausfall

aufbrezelst =
optisch ansprechend angezogen

Gschichterl =
kurzer Austausch von Zärtlichkeiten

spazierendenken =
in Gedanken schwelgen

GAK =
Grazer Athletiksport-Klub

Oh du mein GAK,
was würd ich nur ohne dich tun,
nein du wirst nicht bei den TOTEN ruhen.
Wir werden dich wieder zum Leben erwecken,
und die Leidenschaft in dir neu entdecken.
Auch wenn die Ratten
das sinkende Schiff verlassen,
dich oh GAK dich werd ich niemals hassen.
Du bist mein Leben und mein Blut,
gabst mir alles, gabst mir Mut.
Klar es wird ein schwerer Weg,
doch auch der beginnt mit einem Schritt
und dabei mach ich gerne mit.

Auf einen neuen Anfang.....

Danke......